毛泽东是

如何教育子女的

孙宝义

刘春增

邹桂兰 ◎ 编著

中国出版集团 | 全国百佳图书
中国民主法制出版社 | 出版单位

图书在版编目（CIP）数据

毛泽东是如何教育子女的/孙宝义，刘春增，邹桂
兰编著 . —北京：中国民主法制出版社，2020. 9
ISBN 978-7-5162-2279-9

Ⅰ.①毛… Ⅱ.①孙… ②刘… ③邹… Ⅲ.①毛泽东

（1893 – 1976）–生平事迹②毛泽东（1893 – 1976）–家庭

教育 Ⅳ.①A752②G78

中国版本图书馆 CIP 数据核字（2020）第 179142 号

图书出品人：刘海涛
出 版 统 筹：石　松
责 任 编 辑：程王刚　鲁轶凡

书　　名/ 毛泽东是如何教育子女的
作　　者/ 孙宝义　刘春增　邹桂兰　编著

出版·发行/ 中国民主法制出版社
地址/ 北京市丰台区右安门外玉林里 7 号（100069）
电话/ （010）63055259（总编室）　63058068　63057714（营销中心）
传真/ （010）63055259
http：//www. npcpub. com
E-mail：mzfz@ npcpub. com
经销/ 新华书店
开本/ 16 开　710 毫米 ×1000 毫米
印张/ 12. 5　字数/ 173 千字
版本/ 2020 年 10 月第 1 版　2022 年 5 月第 2 次印刷
印刷/ 三河市宏图印务有限公司

书号/ ISBN 978-7-5162-2279-9
定价/ 38. 00 元
出版声明/ 版权所有，侵权必究。

目　录
CONTENTS

毛岸英 篇

据新华社北京 2011 年 4 月 6 日电：毛岸英，1922 年 10 月 24 日出生于湖南省长沙县。幼年随父母辗转上海、广州、武汉等地。1930 年 10 月 24 日，母亲杨开慧被捕入狱，毛岸英也被关进牢房，目睹了母亲与敌人进行的不屈斗争。11 月 14 日杨开慧牺牲后，毛岸英被营救出狱，翌年在党组织的安排下到达上海。1931 年中共上海地下组织遭到严重破坏，后毛岸英流浪街头，在烧饼铺当过学徒，捡过破烂，卖过报纸，推过人力车，历尽艰辛和磨难。1936 年中共地下组织安排毛岸英去苏联学习。1937 年，毛岸英进入苏联国际儿童院，不久担任少先队大队长，1939 年加入共青团并担任支部书记。1941 年苏德战争爆发后，毛岸英先后进入苏雅士官学校快速班、莫斯科列宁军政学校和伏龙芝军事学院学习。1943 年 1 月，毛岸英加入苏联共产党（1946 年 2 月转为中国共产党党员）。军校毕业后被授予中尉军衔，任苏军白俄罗斯第一方面军坦克连指导员，参加了战略反攻，长驱数千里，冒着枪林弹雨，驰骋于欧洲战场。

1945 年底，毛岸英回国。1946 年 1 月到达延安。毛泽东要求毛岸英上"劳动大学"，毛岸英和农民睡一样的土炕，吃一样的粗粮，干一样的农活，和普通劳动群众打成一片。后毛岸英参加中央土改工作团，在山西、河北、山东等地参加土地改革工作。1949 年初，调中共中央社会部和中共中央情报委员会工作，任社会部部长兼情报委员会书记李克农的秘书。新中国成立后，毛岸英从不以领袖的儿子自居，总是处处严格要求自己。为了能直接参加国民经济恢复和建设工作，毛岸英向党组织提出了下基层的要求。1950 年秋，被安排到北京机器总厂任党总支副书记。10 月 7 日，中国人民志愿军入朝前夕，新婚不久的毛岸英在家中遇到了准备出征的志愿军司令员兼政治委员彭德怀，便主动请求入朝参战。毛泽东身边的人都不同意，因为他们知道毛泽东已经为中国革命失去了多位亲人，更何况此次要面对的是世界上最强大的美国军队。毛岸英的态度非常坚决，当许多人都出来劝毛泽东出面阻止时，毛泽东的回答却是："谁叫他是毛泽东的儿子！他不去谁还去！"

　　1950 年 10 月 19 日，毛岸英随中国人民志愿军司令部入朝。入朝后，担任志愿军司令部俄语翻译和兼机要秘书。毛岸英工作积极，认真负责，迅速熟悉了机关业务。除了彭德怀等少数几位领导了解他的身世外，其他人都只知道他是一个活泼、朴实、能干的普通年轻人。11 月 25 日，第二次战役开始。四架野马式战斗轰炸机突然飞临位于朝鲜平安北道大榆洞的志愿军司令部上空，投下了几十枚凝固汽油弹，在作战室紧张工作的毛岸英不幸壮烈牺牲。毛泽东得知消息后，强忍丧子之痛，缓缓地说："打仗总是要死人的。中国人民志愿军已经献出了那么多指战员的生命，他们的牺牲是光荣的。岸英是一个普通战士，不要因为是我的儿子，就当成一件大事。"毛岸英是毛泽东为了中国人民的革命事业和保卫新中国的安全牺牲的第六位亲人。

给儿子起名寄托深情厚望

1922 年 10 月 24 日，杨开慧在湖南长沙湘雅医院生下了毛岸英。毛泽东闻讯后赶到医院，高兴地抱起这个又白又胖的儿子亲了又亲，兴奋异常。正巧，那天又正是泥木工人大罢工取得实质性胜利的日子，真是双喜临门。该给孩子起个什么名字呢？

按照祖上所定的行辈，毛泽东的下一代应是"远"字辈。因此，毛泽东就为儿子取字为"远仁"，名呢？毛泽东略加思索后，对杨开慧说："就叫岸英吧！""岸"，本义是河岸，即水边高起之地，又有魁伟、高大、气质高洁的意思。《汉书·江充传》中说："充为人魁岸，容貌甚壮。"宋代黄庭坚《定风波·次高左藏使君韵》词中有云："莫笑老翁犹气岸。""英"指事物的精华，或才能出众的人。"岸英"这个响亮的名字，蕴含着毛泽东望子成龙的美好愿望。

1947 年 10 月 8 日，毛泽东在百忙中给岸英写信，教导他："一个人无论学什么或做什么，只要有热情，有恒心，不要那种无着落的与人民利益不相符合的个人主义的虚荣心，总是会有进步的。"他期望儿子百炼成钢，做一个有益于人民的人。这就是父亲对儿子寄予的深情厚望，从毛岸英的名字上可见一斑。

（参见孙宝义、邹桂兰等编著：《毛泽东的衍名艺术》，中央文献出版社 2006 年版）

父子情

作为毛泽东的大儿子，毛岸英这位童年时代就随母亲入狱坐牢，少年时代流浪街头，青年时期又在异国参加反法西斯战斗，回国后在抗美援朝战争中光荣牺牲的男子汉，毫无疑问是中国共产党第一代领导人红色后代中的杰出代表。

作为毛泽东的儿子，毛岸英的人生注定与艰难困苦联系在一起。

1930年11月14日，杨开慧惨遭杀害。从此，毛岸英永远失去了母亲和母爱。

新中国成立后，毛岸英在看电影《三毛流浪记》时还激动地说："那时我和岸青在上海的流浪生活和三毛相比，除了偷窃和给资本家做干儿子外，其他几乎都经历过。"毛泽东也感慨地说："为了革命事业，这些孩子从小就吃百家饭，走万里路啊！"

毛岸英、毛岸青是1937年初到达莫斯科的。

1938年，有人从苏联带来了毛岸英、毛岸青的照片。看着相片上结结实实的两个小伙子，毛泽东喜出望外，久久凝视，热泪盈眶，看了一遍又一遍，爱不释手。要知道，他们父子分别已经整整十年！儿子尝尽了悲欢离合、人间至痛，父亲也走过了二万五千里长征备受艰难，而毛泽东的爱妻、孩子的生母杨开慧也已经是"十年生死两茫茫"了，怎能不思量，情难忘！

1938年3月，因有人要去苏联，毛泽东赶紧在4日这天给两个儿子写了一封信：

亲爱的岸英、岸青：

时常想念你们，知道你们情形尚好，有进步，并接到了你们的照片，

十分的欢喜。现因有便，托致此信，也希望你们写信给我。我是盼望你们来信啊！我的情形还好。以后有机会再写信给你们。祝你们健康、愉快与进步！

毛泽东

三月四日

此时的毛泽东在延安尽管大部分时间都消耗在忙也忙不完的工作上，但当一人独处的时候，他的内心何尝不会有一丝惆怅和忧伤呢？他是丈夫，他思念妻子；他是父亲，他想念儿子。短短的一封家书又如何能诉尽十年的别离和思念呢？看到儿子已经长大，毛泽东怎么能不激动，怎么能不怜惜呢？但繁忙的毛泽东没有时间与儿子家长里短，更是无法诉说思念之苦痛，他只是对"亲爱的岸英、岸青"说："时常想念你们，知道你们情形尚好，有进步，并接到了你们的照片，十分的欢喜。"语气十分的平静随和，甚至难以让人感受到那种十年别离无消息后亲人重新取得联系的兴奋。但就在这平静的表面下，依然掩饰不了毛泽东内心的波澜，他跟儿子说"也希望你们写信给我"，接着又加重了语气，说"我是盼望你们来信啊！"紧接着再说了一遍"以后有机会再写信给你们"。毫无疑问，毛泽东的幸福感觉就像三月里开冻的河流，虽不闻涛声，但滚滚奔涌，势不可当。

整整一个月后的 4 月 4 日，毛泽东又迫不及待地托去苏联治疗眼病的"刘师长"刘伯承捎信给儿子，为了让儿子知道自己的模样，还附寄了一张照片。

毛泽东在信中说：

岸英、岸青二儿：

早一向给你们的信收到了没有？收到了，写点回信给我。现有刘师长来你们那里，托致此信，附照片一张。我们情形及打日本的情形他都可以晓得，他是一个很好的人。和森的女儿，我忘记了她的名字，去年我接到她寄来的照片，我也时常记念她。

问你们的好！

毛泽东

四月四日

不久，儿子的回信千里迢迢地从莫斯科送到了延安，分别了十年之久的父子总算有了书信来往。

因为坠马致使右手臂粉碎性骨折的周恩来，1939 年 8 月在邓颖超的陪同下从延安赴莫斯科治疗。8 月 26 日，毛泽东又给儿子写了一封家书，托周恩来带给儿子。

岸英、岸青二儿：

你们上次信收到了。十分欢喜！

你们近来好否？有进步否？

我还好，也看了一点书，但不多，心里觉得很不满足。

不如你们是专门学习的时候。

为你们及所有小同志，托林伯渠老同志买了一批书，寄给你们，不知收到否？来信告我。下次再写。

祝你们发展，向上，愉快！

毛泽东

一九三九年八月二十六日

这封家书虽然文字不多，但却洋溢着浓浓的父爱，可见毛泽东依然沉浸在与儿子交流沟通的愉悦之中，心情十分欢快。而自从与岸英、岸青联系上之后，作为父亲的毛泽东就立即想到了儿子读书学习的问题，并马上托林伯渠买了一大批图书邮寄过去，供儿子和他的中国同学们阅读学习。这一年，毛岸英已经 17 岁。毛泽东更加关心儿子的成长，与即将成年的爱子交流思想和读书心得。遗憾的是，他这次寄往莫斯科的书在途中遗失了。

在前后五年时间里，岸英不仅知识丰富了，视野开阔了，而且思想水

平和写作能力也有了明显提高。于是，他给父亲写了一封长信，汇报学习体会和对世界政治、军事和国际关系的认识。毛泽东看了儿子的来信，十分欢喜，就写了一封长信，给儿子的学习提出了重要的意见。

岸英、岸青二儿：

很早以前，接到岸英的长信，岸青的信，岸英寄来的照片本，单张相片，并且是几次的信与照片，我都未复，很对你们不起，知你们悬念。

你们长进了，很欢喜的。岸英文理通顺，字也写得不坏。有进取的志气，是很好的。惟有一事向你们建议，趁着年纪尚轻，多向自然科学学习，少谈些政治。政治是要谈的，但目前以潜心多习自然科学为宜，社会科学辅之。将来可倒置过来，以社会科学为主，自然科学为辅。总之注意科学，只有科学是真学问，将来用处无穷。人家恭维你抬举你，这有一样好处，就是鼓励你上进；但有一样坏处，就是易长自满之气，得意忘形，有不知脚踏实地、实事求是的危险。你们有你们的前程，或好或坏，决定于你们自己及你们的直接环境，我不想来干涉你们。我的意见，只当作建议，由你们自己考虑决定。总之我欢喜你们，望你们更好。

岸英要我写诗，我一点诗兴也没有，因此写不出。关于寄书，前年我托西安林伯渠老同志寄了一大堆给你们少年集团，听说没有收到，真是可惜。现再酌检一点寄上，大批的待后。

我的身体今年差些。自己不满意自己；读书也少，因为颇忙。你们情形如何？甚以为念。

毛泽东

一九四一年一月三十一日

这封家书不禁让我们想到曾国藩，毛泽东青年时代很佩服曾文正公，这个创造着"无湘不成军"的湖南人，在他的家书中也这样劝勉他的子孙——"凡人皆望子孙为大官，余不愿为大官，但愿为读书明理之君子"。

可怜天下父母心。无论是对工作学习，还是对为人处世，毛泽东在这封家书中对儿子的谆谆教诲，无疑都渗透着人生真谛；普普通通的话语中凝聚着一位伟人对儿子的希望，这种情感既丰富博大，又温情细腻，一个慈父的爱也在这平平常常的告诫中令人感动不已！伟人毛泽东的爱子之情力透纸背，余音绕梁。

1941年6月22日，德国法西斯背信弃义，向苏联发动了闪电式的进攻。苏德战争爆发，从此掀开了苏联人民卫国战争的序幕。

1941年冬末，鉴于卫国战争的严峻形势，联共（布）中央建议16周岁以上的外国公民加入苏联国籍。当老师动员毛岸英加入苏联国籍时，19岁的毛岸英说："我是中国人，我爱我的祖国。只要祖国一声令下，我就要回到祖国去。但我愿意为苏联人民的独立和自由献身。"在战争最艰苦的时刻，他积极要求参加前线作战。为此，他还用流利的俄文给斯大林写了一封信。

有其父，必有其子。毛岸英不愧是毛泽东的儿子！他始终以一颗赤子之心深深地爱着自己的祖国，在许多人向往自己成为世界上第一个社会主义国家的公民的时候，他不因自己的祖国贫穷落后而丧失自我。而更加令人尊敬的是，在法西斯强盗面前，毛岸英没有退缩，没有迟疑，而毅然投笔从戎，积极要求上前线杀敌，要为"千千万万被杀害的苏联人民报仇"。可是毛岸英这信发出后，没有得到任何回音。他十分焦急，苦苦等待。就在这时，毛岸英认识了苏共驻共产国际的代表、苏军政治部副主任曼努意尔斯基将军，并提出要求上前线作战。最后在这位将军的热心帮助下，毛岸英进入伊万诺沃苏雅士官学校快速班学习军事指挥，不久便奔赴战场。

1945年，在苏军攻克柏林以前，毛岸英奉命回到莫斯科。为了表彰他的战功，也因为他是毛泽东的儿子，斯大林亲自接见了他，并赠他一支手枪作为纪念。

弹指一挥，流水十年。1946年1月7日，在苏联经过长达九年的学习和磨炼之后，毛岸英回到了日夜思念的阔别近十年的祖国，回到了父亲毛泽东的身边。而这是他们父子分别整整19年后的第一次见面！

听说毛岸英要回到延安，毛泽东亲自到机场迎接他的长子。当看到身着苏联陆军上尉军服的毛岸英从飞机上走下来时，他高兴地笑着走上前去，一把紧紧地抱住了儿子，说："你长这么高了！"接下来才同来宾苏联

医生阿洛夫和米尔尼柯夫——握手。

毛岸英归来，19 年后的第一次父子相逢，使从 1945 年 11 月就开始患病的毛泽东，心情和身体似乎一下子好了许多，病除大半。当日，毛泽东挥毫泼墨，给远在苏联的毛岸青写了一封信，抬头就称"岸青，我的亲爱的儿"，怜子之心跃然纸上。

19 年，魂牵梦绕、挂肚牵肠的六千多个日日夜夜，父子终于重逢，毛泽东怎能不高兴！他仔细打量着这个英俊的小伙子，魁梧的身材，开阔的眉宇，他怎能不发自心底地感到快慰，他简直是满意极了！第一天，毛泽东就特意吩咐做了几样菜，庆祝父子俩分别之后的团聚。

懂俄语、英语、德语，穿着苏军呢子制服和马靴，会跳交谊舞，写得一手无师自通又与其父风格相似的狂草，为人处世大方开朗、不拘小节的毛岸英，在延安确实显得很"洋气"，但毛泽东对自己的儿子要求非常严格。父子俩在一起只吃了两天饭，毛泽东便要毛岸英到机关食堂吃大灶。父亲提醒他说：延安虽"土"，但这里是中国革命的"圣地"，到处都有"真人"，不要"显摆"自己。毛岸英牢牢记住了父亲的教诲，完全明白父亲的用心，逐渐从了解、理解、认同与敬重，走向了能够与父亲进行思想交融的境界。

有一天，毛泽东和毛岸英父子俩坐在王家坪院子的槐树下交谈。毛泽东在询问了岸英在苏联的学习情况后说："你在苏联长大，对国内生活不熟悉。在苏联大学读书，住的是洋学堂，我们中国还有个学堂，这就是农业大学、劳动大学。"

毛岸英对父亲的话心领神会，高兴地说："我愿意向农民学习。"

不久，毛泽东把毛岸英介绍给劳动模范吴满有，让他到吴家学种地，上"劳动大学"。毛泽东向毛岸英介绍吴满有时说："这就是校长，你过去吃的是面包牛奶，回来要吃中国的小米，可养人喽！"又指着毛岸英笑着对吴满有说："我现在给你送来一个学生，他住过外国的大学，没住过中国的大学。"

听毛泽东这么说，吴满有似乎有些受宠若惊，说："咱叫什么大学？咱啥也不懂。"

毛泽东诚恳地说:"他还是个娃娃,我就拜托给你了,你要教他种地嘛。告诉他,庄稼怎样种出来的,怎样多打粮食。"

"这,我还行。"吴满有高兴地答应了。

几天后,岸英按父亲的吩咐,脱去大头皮鞋,换上父亲送给他的硬邦邦的布鞋,穿上父亲穿过的不知打了多少补丁的灰布棉袄,背上随身衣服、铺盖和一斗多小米,步行二十多里路,汗流浃背地来到了吴家枣园。从此,吃惯了洋面包的毛岸英,和陕北的乡亲们同吃、同睡、同劳动,睡一样的土炕,干一样的农活。他时刻牢记着父亲的嘱咐,什么活重,什么活脏,就拣什么活干。他学会了犁地,还学会了种洋芋,像大家一样脖子上挂着个布袋,一手抓粪,一手点种。他把学到的农业技术记在随身所带的本子上。歇息时,他还和乡亲们一起聊天读报,有时晚上还教农民及孩子们识字,给小朋友们讲故事,和农民兄弟打成一片。因此,乡亲们无论是大人还是小孩都非常喜欢他,乐意和他在一起。

毛岸英积极摆正自己的位置,自愿穿起大裤裆的棉裤走进"劳动大学",用布满老茧的勤劳双手换回了"毕业证书"。其间,他还经常去拜访"老革命"、老同志,虚心地向他们讨教。他参加土改工作队,还抽时间翻译出版了恩格斯的《法德农民问题》等论著。

五十多天后,也就是1946年的夏天,蒋介石发动全面内战,胡宗南部也正在加紧进攻延安的部署,形势越来越紧张。经毛泽东同意,村干部决定送毛岸英回延安去。当他离开吴家枣园时,村干部和男女老少同来送行,毛岸英恋恋不舍地离开了和他朝夕相处的乡亲们。

毛岸英回到父亲身边,汇报了几个月的收获。他一身灰土布褂子,头上扎着白羊肚毛巾的英雄结,英俊的脸庞闪着黧黑的光芒。毛泽东上下打量着儿子,高兴地说:"好啊!白胖子成了黑胖子喽!"

在延安,毛岸英丝毫没有因为自己是毛泽东的儿子而搞什么特殊化,他穿的是一件旧军大衣,住的和普通干部群众一样,吃饭也是在机关的大食堂。要知道,那时延安有规定,凡是从苏联学习归来的人,特别是高级干部的爱人、子女,可以吃中灶。但毛岸英不肯,他坚持和大家一样,他不能辜负父亲对他的期望,他要把自己锻炼成一个了解中国国情、深知人

民疾苦、吃苦耐劳、意志顽强的人。1946 年 11 月，毛岸英随中宣部从延安撤到瓦窑堡一带，把自己的劳动和学习心得写信告诉了父亲。毛泽东在他 53 岁生日这天给毛岸英回了一封信：

岸英儿：

　　来信两封均收到。第二封信写得很好，这表示较之你初回国时不但文字有进步，思想品质也有进步。你的那些工作是好的。坚持读文章的计划，很有必要，再读一年也是好的。我身体比你走时更好些了。江青、李讷都如常。

　　祝你进步！

毛泽东

一九四六年十二月二十六日

　　1947 年 8 月，毛岸英离开土改工作团，去河北平山县西柏坡参加全国土地工作会议。也就是在这时候，毛泽东收到了仍在苏联东方语言学院学习的毛岸青的来信。信是用俄文写的，毛泽东请人译出后，非常高兴。当即复信毛岸青。因为要译成俄文，1947 年 9 月 12 日毛泽东又致信毛岸英：

岸英儿：

　　别后，晋西北一信，平山一信，均已收到。看你的信，你在进步中，甚为喜慰。永寿这孩子有很大进步，他的信写得很好。复他一信，请你译成外国语，连同原文，托便带去。我们在此很好，我的身体比在延安要好得多，主要是脑子休息了。你要看历史小说。明清两朝人写的笔记小说（明以前笔记不必多看），可托周扬同志设法，或能找到一些。我们这里打了胜仗，打得敌人很怕我们。问你好！

毛泽东

一九四七年九月十二日

　　信中的"永寿这孩子"就是指毛岸青，他在上海时曾化名杨永寿。此前毛泽东已经收到毛岸英从山西临县和河北平山县的两封信，因为忙于打仗，一直没有回复。这次因为收到了"有很大进步，他的信写得很好"的毛岸青从苏联的来信，他才分别给毛岸青和毛岸英各写了一封信，并将给毛岸青的信一起寄给毛岸英，请毛岸英翻译成俄文。显然，毛泽东为两个儿子的进步感到高兴。在寄给毛岸英的信中，毛泽东再次谈到了读书的问题，并强调指出"你要看历史小说"，而且指出是"明清两朝人写的笔记小说"，且注明"明以前笔记不必多看"。学识渊博又人情味十足的毛泽东，以自己的读书心得和经验，再次为爱子指明了读书的方向。可怜天下父母心，伟人毛泽东也不例外。

1947 年 8 月，贺子珍携娇娇和毛岸青兄妹回国。毛泽东知道后极为喜悦，于 10 月 8 日写信把这个消息告诉了毛岸英：

岸英：

告诉你，永寿回来了，到了哈尔滨。要进中学学中文，我已同意。这个孩子很久不见，很想看见他。你现在怎么样？工作，还是学习？一个人无论学什么或做什么，只要有热情，有恒心，不要那种无着落的与人民利益不相符合的个人主义的虚荣心，总是会有进步的。你给李讷写信没有？她和我们的距离已很近，时常有信有她画的画寄的，身体好。我和江青都好。我比上次写信时更好些。这里气候已颇凉，要穿棉衣了。再谈。问你好！

毛泽东

一九四七年十月八日

1984 年，刘思齐回忆说："从此，岸英无论是在工作中，还是学习中，一直遵循着父亲对他的这一宝贵教导，岸英非常珍惜。在他牺牲后，我在他的日记和几本笔记本的扉页上都看见过他对这一段话的摘录。这一教导已经成了他的座右铭。1949 年 5 月，北平和平解放不久，父亲住在北平西郊香山的双清别墅，就在绿树成荫、和风煦煦、水波荡漾的双清池畔，岸英和我再一次聆听了父亲这一教导。当时的情景现在仍历历在目：父亲笑

容可掬，语重心长，意深情切；岸英两眼熠熠闪光，聚精会神地聆听指教。我还记得，小鸟就在旁边的绿树丛中婉转啾鸣，池中红色的小鲤鱼也游上了水面，在我们的脚畔悠然地漂浮着，轻轻地摆着小尾巴，仿佛也在那里侧耳细听。后来岸英对我说，爸爸的这一教导应该成为我们这一辈子的座右铭。"

因为自重庆谈判回到延安后，毛泽东的身体一直不是很好；毛岸英在延安第一次见到他时，他仍未痊愈。所以每次给父亲写信时，毛岸英都要关心毛泽东的身体状况。而为了让儿子放心工作，毛泽东每次回信都要说说自己的身体情况，以免儿子牵挂。

1949 年 1 月 31 日，北平和平解放。第二天，毛岸英就陪同两个扫雷专家，带领华北军区的一个工兵排，作为中央机关的先遣队，首批进入北平。

毛岸英始终牢记着父亲毛泽东在给他的家书中的教导，"一个人无论学什么或做什么，只要有热情，有恒心，不要那种无着落的与人民利益不相符合的个人主义的虚荣心，总是会有进步的"，始终以一个共产党员的身份严格要求自己，他既没有半点优越感，更没有搞什么特权，反而更加谦虚谨慎。在北京参加工作后，许多亲戚朋友给他写信，有的直接到北京来找他，要求安排工作。但毛岸英像父亲一样，对于违背党的原则的事情一律拒之，在法理和情理的天平上，他始终顾大局、识大体，不搞个人关系，并对亲友不合理的要求进行了严肃批评和坚决抵制。

1950 年 10 月，美帝国主义把朝鲜战火烧到了鸭绿江边。毛泽东号召全国人民抗美援朝，保家卫国，毛岸英不顾毛泽东身边的人劝阻，主动申请要求参加中国人民志愿军，坚决要求入朝参战。毛泽东说："好哇！你去朝鲜，可以在战火中经受考验嘛。"

应该说，当时毛岸英完全可以待在机器总厂继续当他的党总支副书记，不必参军去朝鲜。但知父莫若子，毛岸英与父亲毛泽东真可谓心心相印，息息相通，想到一起了。

因为毛岸英懂俄语、英语，以前又从事过机密情报工作，他便留在了志愿军司令部彭德怀元帅身边工作，任俄语翻译兼机要秘书，并任支部书记。据聂荣臻元帅回忆道："彭总入朝时，为了和驻朝鲜的苏联顾问取得联系，确定带一名俄文翻译，原先确定从延安时期就担任中央领导俄文翻译的张伯衡同志，但当时张已担任军委外文处处长，由于大批苏联顾问来到北京，张伯衡工作很忙，难以离开。后来又挑选了一名年轻的新翻译，可是军委作战部长李涛同志提出，入朝作战非常机密，应选一名经过政治考验和可靠的翻译。当时时间很紧，我立即向毛主席请示怎么办。主席立刻就说，'那就让岸英去吧，我通知他。'就这样，毛岸英就随彭总一起入朝了。"

因此，彭德怀说毛岸英是"我们志愿军中的第一个志愿兵"。

11 月 25 日这天，毛岸英和高瑞欣、成普、徐亩元是作战值班员。谁知美军飞机这次来得既隐蔽又突然，四架野马式战斗轰炸机迅速投下了带亮点的燃烧弹，正好击中了木板房。木板房瞬间化成灰烬，毛岸英壮烈牺牲。

毛岸英牺牲当天，彭德怀便发电报告诉了周恩来。周恩来在与刘少奇等同志商量后，暂时压下了电报，没有告诉毛泽东。直至 1951 年 1 月 2 日，当第三次战役取得胜利后，叶子龙等人才奉命在万寿路新六所的一楼休息室向毛泽东报告了此事。据在场的卫士回忆，毛泽东听后怔住了，一声不响，身边的人都不约而同地低下了头，不知道该怎么办，没人敢说一句话。只见毛泽东的眼圈湿了，泪水在眼眶里打转，但始终没有流泪下来。过了许久，他才发出一声叹息："谁叫他是毛泽东的儿子呢！……"这时，大家都不禁泪流满面。

作为中国的最高领导人，毛泽东既是国家政权的执掌者，同时也是中国人民志愿军的一名烈属！尽管他的内心万分痛苦，但他必须要带一个好头，因此他同意彭德怀的建议，将毛岸英葬在朝鲜。正因此，才有后来的十多万中国人民志愿军埋骨异国他乡。在抗美援朝战争期间和战后，毛泽东曾多次接见和慰问志愿军烈属，心情都显得十分沉重，因为他自己也是烈属。尽管许多烈属想迁回亲人的遗骨，但当人们知道毛主席的儿子也牺牲在朝鲜、埋葬在朝鲜时，他们就都不再说什么。面对这样的领袖，他的人民还能说什么呢？毛泽东用无言的行动鼓舞了人民，这不正是新中国强

大起来的重要精神力量吗！

毛岸英入朝参战虽然只有短短的34天，没有做出像邱少云、罗盛教、黄继光、杨根思那样的英雄壮举，也没有获得任何荣誉称号和纪念奖章，但是，他"志愿军第一人"，是为国捐躯的优秀儿女的代表。不过，一直提倡少宣传个人的毛泽东认为自己的儿子不足以宣传，也不同意别人去宣传，因此毛岸英的英雄事迹在当时鲜为人知。而且毛泽东对儿子为国捐躯，从来没有抱怨过彭德怀，反倒宽慰地说："革命战争总是要付出代价的，岸英是一个普通的战士，为国际共产主义献出了年轻的生命，他尽了一个共产党员应尽的责任。不要因为是我的儿子，就不应该为中朝人民共同事业而牺牲。世上哪有这样的道理呀，哪个战士的血肉之躯不是父母所生。"这就是一位伟大的父亲在遭受丧子之痛后所发出的铮铮之言。

如今，战争的硝烟早已散去，在朝鲜桧仓郡中国人民志愿军烈士陵园里矗立着一块高高的大理石墓碑。墓碑的正面镌刻着"毛岸英同志之墓"几个大字，它的背面刻着：

毛岸英同志原籍湖南省湘潭县韶山冲，是中国人民领袖毛泽东的长子，1950年他坚决请求参加中国人民志愿军，于1950年11月25日在抗美援朝战争中英勇牺牲。

毛岸英的遗孀刘思齐回忆说："岸英牺牲后，我没有见到过毛岸英的《革命烈士证明书》，主席没有提及此事，我也没有问及。1976年，主席去世后，我回到中南海收拾东西才发现，竟然没有毛岸英的《革命烈士证明书》，我也问过毛岸青和妹妹邵华等亲属，都说没有见到过毛岸英的《革命烈士证明书》。"1990年10月，刘松林经过多方询问，证实当年确实漏发了毛岸英的《革命烈士证明书》和抚恤金。当工作人员补发毛岸英的《革命烈士证明书》那天，按毛岸英当年的职务，一并补发了320元抚恤金。

毛岸英的牺牲，是毛泽东贡献给新中国宝贵的精神财富！

毛岸英的牺牲，是毛泽东所开创的一代共产党人的新家风！

毛岸英的牺牲，是毛泽东书写的人类父子关系历史上动人的篇章！

一个如他的名字一样伟岸的英雄的名字，一个永远值得我们挖掘和品味的名字，一个永远给我们留下思考和怀念的名字，一个永远不应该忘记的名字——毛岸英，毛泽东的长子，牺牲于抗美援朝战场，年仅28岁。他的档案里却没有任何立功的记载，但他和他伟大的父亲毛泽东的名字永远镌刻在人民的心中。

（参见中共中央文献研究室编：《毛泽东书信选集》，人民出版社1983年版）

（参见丁晓平著：《家世·家书·家风：毛泽东的亲情世界》，中央文献出版社2006年版）

毛泽东寄送给远方儿子的书

电视剧《延安颂》中说到毛泽东给儿子写信寄书的事。确实，在延安时毛泽东曾两次寄书给正在苏联上中学的儿子毛岸英和毛岸青。

1941年1月寄出第二批书时，他写信说："关于寄书，前年我托西安林伯渠老同志寄了一大堆给你们少年集团，听说没有收到，真是可惜。现再酌检一点寄上，大批的待后。"少年集团，泛指和毛岸英、毛岸青一起读书的中国学生。

这是一批什么书呢？毛泽东随信附了一张书单，并注明了册数："精忠岳传2，官场现形4，子不语正续3，三国志4，高中外国史3，高中本国史2，中国经济地理1，大众哲学1，中国历史教程1，兰花梦奇传1，峨眉剑侠传4，小五义6，续小五义6，聊斋志异4，水浒4，薛刚反唐1，儒林外史2，何典1，清史演义2，洪秀全2，侠义江湖6。"

细看这份书单，既在意料之中，又在意料之外。《高中外国史》、《高中本国史》、《中国经济地理》和《中国历史教程》，大概都是当时的中国教科书，可用来补充毛岸英他们只读苏联教科书的不足。《大众哲学》是书单中唯一的一本哲学类书籍，毛泽东对艾思奇的这本哲学著作曾反复研读，并和作者当面讨论过，认为写得通俗易懂，有利于马克思主义哲学的普及。这些都在意料之中。

古典文学和历史小说在这份书单中占有很大比重，也是意料之中的。因为毛泽东自己从青少年时代起就十分喜爱这些书。这里的《三国志》恐怕不是陈寿写的纪传体史著，而是罗贯中的《三国演义》，1950年中华书局还曾以《三国志》为名出版。《精忠岳传》即清人钱彩编著的《说岳全传》。"洪秀全"即清末黄小配写的《洪秀全演义》，章太炎作序。《清史演义》，当时流行有三种：陆士谔《清史演义》、蔡东藩《清史通俗演义》、许啸天《清宫十三朝演义》。毛泽东寄出的，很可能是蔡东藩的。

1936 年毛泽东致电在西安的李克农："请购整套中国历史演义两部（包括各朝史演义）。""整套中国历史演义"就是指蔡东藩写的《中国历代通俗演义》。

《子不语》是清朝乾隆年间的大才子袁枚写的笔记小说，正编二十四卷，续编十卷，都是怪异的民间故事，包括神狐鬼怪、三教九流，长则数千字，短则几十字，如《四耳猫》一则仅两句："四川简州，猫皆四耳。有从简州来者，亲为余言。"书名取自《论语·述而》"子不语怪力乱神"。

《何典》是清朝嘉庆年间上海才子张南庄用吴语方言写的讽刺滑稽小说，通篇描绘了阴曹地府里的形形色色的鬼。刘半农于 1926 年获得 47 年前的印本后，标点刊印，一年之内居然印发了两版。鲁迅对《何典》也非常感兴趣，曾感叹"访而不得"，故刘半农请他写序时，曾在 1926 年 5 月 25 日的一天内写了《〈何典〉题记》和《为半农题记〈何典〉后作》两篇文章。《何典》被鲁迅推荐给日本友人增田涉，被收入日本编印的《世界幽默全集》。

毛泽东向儿子推荐《子不语》《何典》这两种带有"野狐禅"味道的书，似乎有点出乎意料，岸英他们毕竟还是中学生。但更令人意外的是，毛泽东居然寄出了好几部武侠小说。《小五义》《续小五义》讲的是"七侠五义"后代的故事。《峨眉剑侠传》类似著名武侠作家还珠楼主写的《蜀山剑侠传》。《侠义江湖》不知是否平江不肖生的《江湖奇侠传》或《近代侠义英雄传》？后来流行的由金庸、梁羽生、古龙等所著的新派武侠小说，均源于这些武侠小说。武侠小说历来遭到正统派人士的贬斥，却在民间广泛流布，近些年才引起学界的重视。中华书局《文史知识》杂志设立过"武侠小说漫谈"专栏，学者陈平原著有《千古文人侠客梦》一书，中国人民大学开设过"新武侠小说与中国传统文化"讲坛。确实，青少年读一些武侠小说，有利于开发思维能力。试看那些剑侠，上天入地，修身寻道，仗义除恶，既是江湖社会的折射，又突破了时空界限和人力界限，跟西方当代影视作品中的"超人""魔幻"形象异曲同工，极具想象力。而思维想象力是思维创造力的基础。剑侠使出种种剑光斗武，或紫金色，或青白色，岂不就是激光武器！有些江湖人物，往往采集毒物用作武器，

岂非细菌化学武器！

　　武侠小说和《说岳全传》《三国演义》《水浒》《洪秀全演义》《薛刚反唐》等历史小说，是中华民族尚武精神在文学创作中的反映，前者多用浪漫笔法，后者多用写实笔法。浪漫的尚武，现实的英雄，构成了这些书的文化主调。此乃毛泽东的文化性格使然，他恰是充满浪漫气息和英雄气概的。

（参见张铁民：《毛泽东送给儿子的书》，《中华读书报》2005 年第 12 期）

毛岸英在阳信是一个普通兵

1946 年 5 月，根据毛泽东的指示，中共中央发出了《关于土地问题的指示》，要求放手发动群众，实现"耕者有其田"。由此，掀起了声势浩大的土地革命运动，但工作中也暴露出了改革不够彻底和党内思想、组织不够纯洁的现象。

对此，1947 年 7 月，中共中央工委在河北西柏坡召开了全国土地会议，并于 9 月通过了具有指导意义的《中国土地法大纲》。当时，刚从苏联学习回国的毛岸英也参加了会议。会议期间，毛主席把毛岸英叫到自己的办公室，告诉他说，外国的大学你念过了，可中国的大学你还不熟悉。要念好中国的大学，当务之急是深入农村，了解农民，也就是了解国情。为此，根据毛泽东的提议，中央决定让毛岸英到农村一线参加"土改、整党运动"。

1947 年 11 月 6 日，毛岸英化名"杨永福"，跟随时任中央土改工作团团长的康生等人，到达山东渤海区党委驻地阳信县李桥村。当时他的身份是康生的情报员和联络员。根据工作进展和上级指示，渤海区党委决定在李桥村进行建乡试点工作，并在王架子村召开了专门会议。在会后的选举中，大家提名杨永福（毛岸英的"化名"）同志为计票员，经投票选举产生了新的乡政权。

不久，根据工作需要，毛岸英与同来的部分同志转调到了阳信城东南的张家集村，被安排住在张元林大爷家的东屋里。来到房东家后，毛岸英一有空不是帮着挑水、扫地，就是干其他杂活。张大娘也不把他当外人，像亲儿女一样待他，没几天就不称他"杨同志"而亲切地叫他"孩子"了。

在阳信期间，毛岸英从未表明身份，一直穿着爸爸给他的肥大旧军装，写字用铅笔，笔记本是用五颜六色的旧纸合订而成，完全是一副"土

八路"的形象。每次吃饭，他总是和勤务人员挤在一起。一次，十几个队员围在一张桌上吃饭，他忙着给一些队员讲解问题，其他队员吃饱了，他却刚刚吃了一半，而这时盆中只剩下一些菜汤了。他毫不在意，一手拿窝头，一手端菜盆，喝着菜汤吃得津津有味。工作中，他坚持原则，敢于直言，高度负责。在总结建乡试点的会议将要结束时，主持会议的段林问道："杨永福同志你还有什么意见没有？"毛岸英从座位上站起来，就工作中存在的"左"的倾向和一些不妥之处，客气而又认真地提出了两条改进建议，他的发言立刻获得了在场人员的赞同与掌声。

李桥区委书记孙玉山，在与邓子恢警卫员的交谈中得知杨永福就是毛岸英，对他更加信任和尊重。在一次工作会议召开前，两人坐在了同一条板凳上。交谈中，当毛岸英问他对工作有什么看法时，孙玉山当即就运动中出现的极端做法、偏离中央精神及侵犯中农利益的问题，提出了自己的意见。会后，毛岸英及时向有关领导作了汇报，引起了上级的高度重视。不久，上级就下发了重新整顿的通知。

1947年春天，解放军粉碎了国民党的全面进攻。为避开蒋介石的重点进攻，当年夏天，华东野战军司令部及所属机关横渡黄河，来到山东军分区机关所在地——阳信县。第二年春天，华东军区剧团到渤海区张家集一带慰问演出。乡亲们从没见过这么高水平的演出，看过《三打祝家庄》后还想再看一场，于是大家向"杨同志"说出了自己的想法。毛岸英马上将此建议反映给了剧团领导及区政府，经研究，剧团又加演了一场精彩的京剧《红娘造反》，满足了群众的愿望。

有一次，房东张大娘与邻居因琐事产生摩擦，毛岸英得知后，劝张大娘到对方家中讲和。在毛岸英的陪同下，张大娘端着一碗刚煮好的面条主动来到对方家中。一进门，毛岸英先喊了声："大娘，张大娘看您来了！"闻声，老大娘忙出门，笑脸相迎。就这样，在说笑之中化解了两位老人的矛盾。

1948年5月，中央电令毛岸英调离阳信，回中央从事新的工作。当乡亲们得知"杨同志"要走的消息时，都纷纷前来与他道别。张大娘更是忙个不停，为他炒花生、煮鸡蛋、包饺子等。晚上，张大娘干脆将他的被子抱到自己的炕上说："孩子，最后一个夜晚了，你就跟大娘住在一起吧。"全家人整夜未眠，长谈到天明。

清晨，空中飘着绵绵细雨，张大娘早已将饭做好。吃过早饭，毛岸英整理好背包与张大娘告别。大娘眼含热泪，双手握住他的手说："孩子，你看这天，咱不能明天再走吗？"毛岸英哽咽着说："不行呀，大娘，军区的车还在等着呢。"张大娘一家与乡亲们簇拥着他来到村头，毛岸英含泪告别张大娘和众乡亲，依依不舍地上了汽车。当汽车远远离去后，张大娘仍站在雨中，挥泪相送……

离开阳信后，毛岸英没有忘记张大娘一家和众乡亲。1948年中秋，正当家家户户聚在一起共享天伦之乐时，阳信县张集村的一位老人收到一封来自西柏坡的信。他将信拆开，里面有一张黑白相片，上面有毛主席，还有曾在他家住过的"杨同志"，还有他不认识的两个女孩子。

信中写道："离别二老，倏忽数月，天各一方，万分想念。远隔天河，情怀衷肠。二老待我，胜似儿女，恩德之重，铭刻肺腑！一路平安来到河北平山县西柏坡，暂分中宣部工作，一切均好，万望放心。我已要求到部队去锻炼，目前只待组织决定。请代问张会山二老好！乡亲们好！"落款为杨永福，时间为1948年8月19日。看了信和照片后，张大爷才知道在村里住了一年的杨永福就是毛泽东的儿子毛岸英。

张大爷激动地拿着信和相片急步跑到村子中央高喊："毛主席的儿子来信了！"村民们闻声纷纷跑了过来，簇拥着争相传着相片。而此时张大娘更是泪中带笑，倍感欣慰。毛岸英就是这样遵照毛泽东的指示，深入基层，同人民群众打成一片，赢得了人民群众的拥护和赞扬。

毛岸英在北京机器总厂

毛岸英牢记父亲让他到农村和工厂，通过劳动了解中国国情的嘱托。在农村锻炼后，他又主动要求到工厂去实习。

张征回忆说，1950 年，北京第一机床厂的前身——北平机器总厂，就在国子监胡同孔庙的大成殿里。当时的厂党总支副书记、毛泽东的儿子毛岸英和大家一起住在大成殿，直到他赴朝参加抗美援朝为止。"我在北京第一机床厂的时候，很多老人当年都与毛岸英有很多交往，从厂长到工人，聊起他来，滔滔不绝。"

新领导毛岸英那时二十七八岁。穿身灰色军装，腰上系着皮带，过了些日子，又换成了干部服。他经常跟大家一块儿劳动，时不时说上几句陕西话。他来厂子的时候，生产条件还很差，业界称机械工人为"油耗子"。许多刚出徒和正学徒的青年工人和毛岸英岁数相差不多，工休的时候，就跟他无拘无束地聊天。那时，大家经常是脱了鞋当凳子。为什么要这样呢？因为没凳子，只能席地而坐，但是地上经常有些看不见的铁屑，必须拿鞋垫上才不会被扎着。大伙儿问毛岸英："你是延安来的'老资格'，为什么不在北京挑个好工作？"毛岸英说："这可比农村好多了，我原来当过农民。"大家明白了，这人敢情是个农民。于是同情地问："那你家里肯定很穷吧？"他说，"我家不是农村的。"大家围着他起哄："住城里，你干吗去当农民？"他乐了："俄大让俄去的。"（陕西话：俄是我，大是父亲）大家哈哈大笑："你大真够可以的！放着福不许享，偏让你受罪去。"他没有笑，很认真地解释："不懂得工业、农业，将来怎么为国家工作？"说到这里，他便站起来："我的学徒还没期满呢，咱们干着聊。"

一天，这位领导把大家召集到俱乐部说："不久的将来，要大规模引进国外技术，我先教大伙儿学学俄语吧。"工友们跟他已经很熟了，就逗闷子："你那俄语就是陕西的'俄'语吧！"他没有笑，而是指着五星红旗说:"史多,诶答?"（俄文:这是什么）他发音标准,口齿清楚,一下子把在场的所有人都镇住了。休息的时候,门外边有块钢板,他不经意地说:"这块钢板不错……造坦克还薄了点儿。"我们厂原先是军械所,听见他自言自语的话,惊讶得闭不上嘴了,大家到处传话:"他可确实不简单,什么都懂,八成儿还在苏联待过。"

后来才知道,他和工人打成一片,是为了另一项工作,就是为夜里写稿子积攒素材。他亲自采写编辑《北京机器职工》,然后通过有关渠道在香港、澳门散发,公正客观地介绍新中国接收的兵工厂,已转为生产双轮双铧犁、深水水泵、鹅脖水泵（给火车头上水用的）,开始为大规模的和平建设服务。当时,厂里已经有近千人,属大规模的机械制造企业。这个小报到他离开,办了三十多期,在港澳和海外产生广泛影响。

所有和毛岸英这位新领导交往过的人,谁也没有想到他是毛泽东的儿子,因为他在工厂没有丝毫的优越感,和普通人一样,努力钻研,向工人学技术,而且,他见不得有人受罪。比如,化铜炉温度高,工人们就穿个背心,铜熔化的时候,会飞起雪花似的东西,叫氧化锌。那年月没有起码的劳动保护手段,氧化锌落身上奇痒无比。他瞧见大家身上落满了氧化锌刺痒难耐,急得不行,就要上去帮着挠。大家劝阻他:"不能挠,一挠氧化锌就进去了,会更痒痒。"他赶紧问,那么办?大家解释,待会儿拿水冲。他立刻说,现在就去冲,一分钟也别耽搁。他一心替工人着想,其实他身上也落满了氧化锌。当工人们在技术运算上遇到什么难题时,他还会手把手地教,很有耐心。

毛岸英在工厂时,曾拍板处理了这么一件事。总厂有个南分厂,是国民党没收资本家的,原因是有逆产嫌疑（可能与日伪有牵连）。毛岸英来了以后,经过详尽调查,认为没有确凿证据,应该把资产归还资本家。这个资本家在老北京人中享有盛名:他带着一群钣金工,居然敲出了一辆小轿车。资本家此时已逝世,他的后人不敢接收工厂。毛岸英说:"民族资本家,应当保护,那就跟他的家属谈谈,给相当数量的股份吧!"资本家的后人感激涕零。

那时,毛岸英的家在中南海。中南海在国子监的西南方向,他骑上自

行车，从国子监出来，经地安门过景山西街，就到中南海北门了，也就 20 分钟。可是，毛岸英除了星期六晚上回去一趟，其余时间都和工人们在一起，晚上睡大通铺。那个时候，他刚刚结婚。老厂长朱宝和说，"人家真有定力，新婚之后，工作习性仍然照旧。"不过，这是后来他追忆毛岸英时说的话，因为在当时谁也不知道毛岸英新婚，还以为他是单身或家属在陕北。每天吃饭，他也是按规矩排队买饭，然后端着饭盒，和大家一边聊着天一边吃。那时候，工厂很简陋，连饭厅也没有，大家往往围成一圈儿蹲着吃。主食吃什么呢？窝头，还经常是在蒸锅里来回蒸的剩窝头，颜色深，味道又苦又涩。菜呢，就是六必居酱园子做酱菜削下来的苤蓝皮，盐水浸浸，他和工人一样照吃不误。

1951 年，中央办公厅来了两位工作人员，了解毛岸英在工厂的情况。当时毛岸英又名毛远仁，他虽然在厂里任党总支副书记，是二把手，可人事档案并没有转过来，还在中央社会部，来厂子之前，他是李克农部长的秘书。一提起那位和大伙儿朝夕相处的"陕北来的年轻老资格"，大家纷纷竖起大拇指。最后，有人还埋怨开了："这人抬脚一走就把我们忘了，大伙儿多惦记他呀！就是高就了，也该抽点儿时间回来看看，我们也好替他高兴高兴！"听到这话，两位工作人员眼圈一红，哭了。大家觉出事情不妙，就听那位工作人员说，"他已经在朝鲜战场牺牲了。"屋里的人都惊呆了。在场的一位工人忽然又想起了"延安人"的父亲让他当农民的事情，就追问："他的父亲是谁啊？他那么听父亲的话？"为了解答这个疑问，一位工作人员拿出一份表格说："这是他亲自填写的履历表，你们可以看其中的一栏。"他把其他栏目用手遮住，只留了一栏让大家瞧："父亲：毛泽东。"

（参见佚名：《毛岸英赴朝前的日子：当农民睡大通铺吃剩窝头》，《北京晚报》2013 年 10 月 27 日）

教育儿子奉行孝道

孟子曰："孝子之至，莫大乎尊亲；尊亲之至，莫大乎以天下养。"

向振熙，杨昌济的夫人，杨开慧之母，1870 年生，湖南平江人。她出生在书香世家，有大家闺秀的风范。

1888 年，她与比她小一岁的杨昌济结婚。她生过 3 个孩子，大女儿杨琼，出生不久夭折。儿子杨开智，生于 1898 年。次女杨开慧，生于 1901 年。

1920 年，不到 50 岁的杨昌济病逝，留下的家资不丰，向振熙靠精打细算，勉强维持一家的生计，供一双儿女读书。

这一年，毛泽东创办文化书社，向振熙曾有所资助。

1920 年，毛泽东与杨开慧结婚，向振熙和他们一起住在清水塘，掩护他们做地下工作。

1930 年 11 月，杨开慧被捕牺牲。十几天后，保姆陈玉英带着毛岸英出狱，来到长沙县的板仓杨家。向振熙待陈玉英如亲生女儿，和她一起照看 3 个外孙。

国民党认为陈玉英"死不改悔"，又要来抓她，向振熙忍痛劝她离开。自此，抚育毛岸英、毛岸青和毛岸龙的重担就担在老人的肩上。

不久，由党组织周密安排，向振熙和儿媳李崇德扮成走亲戚的模样，护送毛岸英 3 兄弟到上海。

返回湖南后，她与 3 个外孙断了联系，与毛泽东也音讯不通。向振熙承受着巨大的痛苦和悲哀，苦熬了 18 年，直到全国解放。

长沙解放，杨开智当即给毛泽东写信，告诉他，向振熙老人健在。毛泽东接到妻兄来信，非常高兴，立即回电庆贺：

来函悉。老夫人健在，甚慰。敬致祝贺。

1949 年 9 月初，王稼祥夫人朱仲丽要回湖南省亲。毛泽东得知后，便托她带去了礼物和一封信：

杨老太太：

你们好吧。

现在托朱小姐之便，前来看望你们。一件皮大衣是我送给您的，两件衣料是送给开智夫妇的。

毛泽东

一九四九年九月十一日

1950 年，杨老太太 80 岁大寿，毛泽东派毛岸英回湖南祝寿并看望父老乡亲。临行，毛泽东写信一封，要毛岸英交给外婆。

1950 年 5 月下旬，毛岸英带着父亲的重托来到长沙。看望外婆一家并为外婆祝寿。杨老太太得知两棵人参是别人送给毛主席进补身体的，非常激动地对毛岸英说："这如何要得，你父亲的身体比我重要呀！"

毛岸英笑道："我父亲说，您比他更需要进补，吃了人参，祝您老活 100 岁。"

毛岸英的到来，使杨老太太十分高兴。她对毛岸英说："别看你爸爸是个大人物，他也有赤子之心哩！过去我常给他做好吃的，现在不能做给他吃了！"

杨老太太 80 寿诞这天，毛岸英传达父亲的安排，举行个小型的庆祝会。省里主要人物都到场了，出面祝贺，毛岸英不同意在会上说为他还乡接风洗尘的话。他亲自把父亲的信当众宣读：

向老太太尊鉴：

欣逢老太太八十大寿，因令小儿岸英回湘致敬，并奉人参、鹿茸、衣料等微物以表祝贺之忱，尚祈笑纳为幸。

敬颂康吉！

毛泽东

江青

一九五〇年四月十三日

毛泽东与江青以夫妇名义写信，这在毛泽东的书信中是不多见的，在家书中也仅此一封。同一天写给杨开智、李崇德夫妇的信，毛泽东只是以他一个人的名义。这封联名信，可以看出毛泽东对老人的慈孝之心。毛泽东从王稼祥夫人朱仲丽处得知，老太太很关心毛泽东的妻室，内心十分感念。所以写信也署上江青的名字，以慰老夫人重念之意。

1951年，毛泽东又派二儿子毛岸青回湖南探望外祖母，以慰天年。全国供给制改为薪金制以后，毛泽东每月给杨老太太寄生活费，一直赡养到老人去世。

1960年，杨老太太90岁高寿，毛泽东听说杨开慧的堂妹杨开英要回老家祝寿，托她带去200元，并嘱咐杨开英："或买礼物送去，或直将200元寄去。"

1962年，毛泽东惊悉岳母逝世，心情十分哀痛。他给在长沙工作的杨开智发去电报，表达了沉痛悼念的心情：

开智同志：

得电惊悉杨老夫人逝世，十分哀痛。望你及你的夫人节哀。

寄上五百元，以为悼仪。葬仪，可以与杨开慧同志我的亲爱的夫人同穴。我们两家同是一家，是一家，不分彼此。

望你节哀顺变。

敬祝

大安

毛泽东

一九六二年十一月十五日

这封电报，字字真情，是研究毛泽东情感世界的一份不可多得的珍贵文献。

（参见潘相陈编著：《毛泽东家书钩沉》，中共中央党校出版社1997年版）

毛泽东和毛岸英的故乡情

　　1950 年，毛岸英抽时间去看望父亲，他知道父亲太忙太累了。近来他和父亲见面时，发现父亲总是皱着眉头，父亲是很少皱眉头的人，莫非有什么事？一天，父亲当着儿子的面终于敞开了心扉。他一边吸烟，一边重重地拍拍桌上的一摞子信说："这是滚滚三股洪流，向我毛泽东冲来了。"岸英没有言语，知道父亲在思考对策。父亲过了一会儿才说："一股是文家，一股是杨家，一股是毛家，都认为咱们坐了天下，都伸手来讨官要官。因为都是穷家子弟，才没来向我买官，可是也送来了土特产。这可怎么办呢？我哪有那么多的时间写回信！我们可不是蒋介石，一人得道，鸡犬升天哟！如果我们也搞起许官、封官来，那样咱们就不是共产党喽！"他随手递给儿子一封信，接着他又点起一支香烟。

　　信是写给祖母娘家人文运昌的。毛岸英知道，文运昌是父亲的表兄，父亲小时候常寓居他家，还听父亲讲，向文家借过书，与文运昌关系密切，可谓情同手足。这是父亲给文运昌的回信：

运昌仁兄如晤：

　　接到了你的许多信，感谢你的好意。因忙迟复为歉。吾兄健在，儿孙众多，可为庆贺。地方工作缺点甚多，应当纠正，如有所见，尚望随时见告。

　　泽民、泽覃均已殉难，知注并闻，顺颂安吉。

毛泽东
一九五〇年四月十九日

　　毛泽东吸口烟说："这是投石问路哇！这是我 24 天后收到另一封信时的回信。"

南松表兄：

　　正月来信收到了，感谢你的好意。运昌兄给我多次信，我回了一信，寄南县白蚌口，不知他收到没有？运昌兄的工作，不宜由我推荐，宜由他自己在人民中有所表现，取得信任，便有机会参加工作。十哥、十七哥还在否？十一哥健在甚慰，他有信来，我已回了一信，不知他收到否？你说乡里缺粮，政府不发，不知现在怎么样？还是缺粮吗？政府一点办法也没想吗？

　　来信时请详为告我。

　　此复，即问

　　近安

毛泽东

一九五〇年五月十二日

　　父亲看着儿子看完他这封回信，又随手递出一封信说："岸英，我好忙！我从县长花名册中查出，这个县的县长叫刘亚南，我不放心，又给县长写了封信。"

亚南同志：

　　兹有湘乡四都凤音乡大平坳文氏兄弟四人来信，附上请你看一下。他们对当地区乡政府的工作有些不满意的话，未知实际情形究竟如何。假如可能的话，请你派一个同志去调查一下，以其结果告我。文氏兄弟都是贫农，信上则替地富说话，是何原因亦请查明告我。至于文家（我的舅家）生活困难要求救济一节，只能从减租和土改中照一般农民那样去解决，不能给特殊救济，以免引起一般人民的不满。

　　以祝健康。

毛泽东

一九五〇年五月二十七日

　　毛岸英真是心疼父亲，他日理万机，还受到这么大的三股"洪流"冲击，这怎么得了！岸英沉思一会儿后说："爸爸，我按你的意思，在建国前就回了几封信。我想他们会思考一些问题的。爸爸，你太劳累了，我想有机会回韶山和板仓一次，把咱们的想法告诉亲人，请他们谅解。"

毛泽东思考了一会儿说："信，还是要回的哟，他们认为咱们现在是打天下坐天下咧！不理他们，人家会说我们把这么多乡亲给忘了，似乎说我毛泽东忘'本'了；说毛氏父子太不近'人情'，没有一点人情味儿。不过这倒不怕，常言说，人正不怕影子斜。如果有去湖南工作的机会，你回去一次也好，咱们不能刚建国就带头搞回故土探亲，你先把上两次写给你外婆和舅父的信，拿给我看看，你还有草稿吗？"

"爸爸，我还留有草稿，学习爸爸的习惯！我给你抄清楚一份。"毛岸英知道虽然上次写信时告诉过父亲，但父亲还是要摸清他的思想，然后才能把回老家湖南探亲的重任放在他肩上。

毛岸英在父亲身边，成熟多了，不仅在政治思想和工作方法上模仿父亲，连写信的口吻和那手毛笔字都和父亲如出一辙。岸英很快把信拿给父亲看，毛泽东用宽大的手掌拿着信，一页页翻看着。

舅父并转外婆：

看到舅舅的来函，悲喜交加，热泪不禁夺眶而出。人终然是有高度热情的动物！离别已经二十年了，对于人生讲来，这不是一个短小的时间。

你们都好吗？二十年的苦头终于熬过来了，长沙也解放了，全中国的解放就在眼前，数千年一直被压迫、被欺凌、被侮辱、被残害的中国人民胜利地站了起来，你们也站起来了！让我首先向你们祝贺这一次伟大事变吧！

一九三一年与外婆分别后，在上海过了五年流浪生活，一九三六年到了苏联（可惜没有学一门技术），一九四六年初回到延安，学了一个时候中文，参加了土地改革运动，现在北平中央机关里工作。岸青也于一九四七年回国，现在还未正式参加工作，他的耳朵有些毛病，但不很要紧，我的身体很好，勿念。

我们都很想来看你们，只要有可能，我想我是一定要到长沙来的。回国后，我曾给你们寄过好几封信，大概都没有收到（这封信我想你们一定能收到了）。

来函中说外婆"康健如常"对我是个莫大的安慰，我谨祝我那亲爱的外婆健康愉快，并祝舅父、舅母及其他亲人安好！

你们的情况望多告诉我，来信请寄北平邮政信箱四十五号即可。

专此致

革命敬礼

岸英

1949.8.17

毛泽东看完回信，面带微笑说："你这不是对来信投的探路石子，而是给予了温情。"他有了兴趣，继续看下封信。他在手里掂量一下信，表示写长了一点。

亲爱的外婆、舅父：

回信收到，快慰万状之余，也不禁凄然泪下，伟大的母亲的遗容和记忆中所留下的外婆的一举一动不时呈现在眼前。更有一层使自己万分痛苦的，就是这几年太不长进了。今后当努力奋发，以不辜负生者，对得起死者才好。

我非常想来看你们，父亲亦极力赞助。湖南刚开始解放时，我就与父亲谈到回湖南寻找你们（过去给你们的信，皆无回答），长沙很快解放了，你们的电报也来了——那份电报我不知看了多少次……然而，对于一个共产党员，工作、人民的利益是占第一位的，党的利益（亦人民的利益）高于一切，个人的利益应该服从整个人民的利益。这样，我现在一面虽是眼望江南，归心似箭，一面却还要等待两三个月才能来看你们，我想你们是了解我的，并会等着我的。

我的身体都还好，弟弟耳朵稍许有些毛病，但不要紧，以前在苏联与我一样没有学技术，吃了亏，现加紧补习中文，预备考专科学校。我现在一面工作，一面努力把中文、俄文真正学习好，想在这方面专一下。最近

深感像我们这类人，在新社会中，没得一门专长是不行的。父亲身体好，忙一些，他的双肩所担负的担子太重了。

离别二十年，我倘若突然回来，你们可能已不认识我了。很想给你们寄张照片，但没有合适的，准备与弟弟到照相馆去好好照一张寄给你们，你们不会反对吧！你们若有照片，极望寄给我们（如果保存有母亲照片，一定请赠给我们）。

革命形势这样飞快发展，全国的解放即在眼前，数千年来一直被残害的中国人民推翻了帝国主义及其走狗的统治，从此永远翻身！谁在此时不欢呼，谁就不是我们的朋友；然而这还只是"万里长征第一步"，谁若是仅仅欢呼，谁也不是我们的好朋友。这样，你们便不难想到当谈到舅舅在来电中所云：准备在社会上"好好做番事业"——一语时，我是如何高兴！

外婆是不是还是那个样子，我想不管你变得什么样，我一定能认识你，只要你对我——一个陌生的刚从外边进入你们屋内的穿着军服的年轻人——仔细地望一眼，你那双慈善的眼睛，我是永远忘不了的。

外婆，你还记得我们小时向你要赖皮硬要你给我们买糖，买甜水豆腐吃，在地上打滚那回事吗？我现在大了，不便再在地上打滚了。但却还想向你讨个债，请你在下次来信中告诉我：我和弟弟是何年何月何地生的，因为直到今天，我还搞不清楚自己到底多大岁数呢！

舅舅说舅母身体不好，望多多保重。其他亲人请代为问候。

信已写得很长，就此止笔，即祝外婆健康

岸英　叩

一九四九年九月十日

毛泽东看着儿子写的长信，洋洋千言，既道出孩子的天真，也写出无限思念之情，尤其是打听母亲的照片，要"一定请赠给我们"的恳切心情，他不由得眼含泪水。他和儿子对望片刻说："有情有义，不忘情义才是好男儿。"下一封信是写给母亲杨开慧的亲属的，也可以说是杨开慧的嫡亲。姓向的舅舅托人要求毛岸英帮他安排一个好的工作，毛岸英写封长信进行规劝和批评。

……反动派常骂共产党没有人情，不讲人情，如果他们所指的是这种帮助亲戚朋友、同乡同事做官发财的人情的话，那么我们共产党正是没有这种人情，不讲这种人情。共产党有的是另一种人情，那便是对人民的无限热爱，对劳苦大众的无限热爱，其中也包括自己的父母子女亲戚在内。当然，对于自己的近亲，对于自己的父、母、子、女、妻、舅、兄、弟、姨、叔，是有一层特殊感情的，一种与血统家族有关的人的深厚感情的。这种特殊的感情，共产党不仅不否认，而且加以巩固并努力于引导它走向正确的、与人民利益相符合的、有利于人民的途径。但如果这种特别感情超出了私人范围并与人民利益相抵触时，共产党员是坚决站在后者方面的，即"大义灭亲"亦在所不惜……

我决不能也决不愿违背原则做事，我本人是一部伟大机器的一个极普通极平凡的螺丝钉，同时也没有"权利"、没有"本钱"、更没有"志向"来做这些扶助亲戚高升的事。至于父亲，他是这种做法最坚决的反对者，因为这种做法是与共产主义思想、毛泽东思想水火不相容的，是与人民大众的利益水火不相容的，是极不公平、极不合理的……

毛泽东看了信，感慨地说："岸英，你这封信很有理性，也很有原则性，这我就比较放心了，有机会公出兼可以回韶山、板仓。还有一点，你得学些家乡话，见了乡亲们说上几句家乡话，亲切有礼貌。"

这时，毛岸英说："爸爸，全国都学普通话，可你韶山口音老改不了，我给你当翻译，还要把韶山话翻成普通话，再翻译成外国话。"

爷俩此刻情投意合，父亲对儿子提的意见表示诚恳接受，却坚决不改，说："我是'老顽固分子'，'保守党人'，这口韶山腔一世也改不了喽！"这可以说是难得的好机会，难得的兴趣，父亲高兴地教儿子学起家乡话来。

毛泽东的老战友、杨开慧的老同学张琼来见毛主席，谈起毛岸英时她

百感交集。她说在上海搞地下工作时，她找了岸英兄弟五年，没见踪影，真是不容易。毛岸英是有智慧的、勇敢的孩子。毛泽东深情、幽默地说："他带着弟弟是孤军作战。他那时还找你们找得好苦哩！"

"毛主席，你给他找个机会让他回趟湖南，回韶山，回板仓，孩子和他母亲感情深厚哇。"

毛泽东听到此处，心里难过地低下了头。

就在毛岸英与父亲筹划如何回老家时，李克农命令毛岸英立刻陪他去湖北公出。机会来了，他可以回湖南了。

毛岸英随身带着毛泽东的三封亲笔信，一封给舅舅杨开智，一封给外婆祝寿，一封给湖南省人民政府主席王首道。在动身的前一天晚上，爷俩又长谈大半宿，父亲要儿子回乡看望乡亲们，还要告诉乡亲们不久就要实行土地改革。这是贫下中农盼望多年的翻身解放的日子！

临成行前，毛泽东把儿子叫到身边，爷俩都有好多话要说，要倾诉，毛泽东已有二十多年没回故乡，岸英离开故乡也有二十年了。临上车前，父亲还在叮嘱儿子："见了乡亲们要有礼貌，不能没大没小。辈分大的男人，叫声阿公，女的喊'艾基'，长辈喊伯伯、叔叔、婶婶、阿姨，同辈以兄弟相称。再一点，要入乡随俗，不要有任何特殊，老百姓最不喜欢摆架子的人。"说罢，毛泽东拿出一个不起眼的皮包，让毛岸英带上，还说："这里的一些票子，是我多年的积蓄，看到真正有困难的亲戚，你就见机行事吧。俗话说，'空手进门，猫狗不理'，总之，你看着办吧。"

毛岸英笑笑说："爸爸，我有钱。"。

"你哪里来的钱？"父亲问。

"我和思齐攒的呗。"

"花钱别大手大脚哟。"

毛岸英随李克农部长到武汉，给部长当了几天翻译后于23日匆忙地赶到长沙。

韶山是父亲诞生的地方，二十五年前，爸爸和妈妈带着三岁的他和妈妈怀里抱着的岸青回到故里。爸爸怕他影响妈妈抄稿，便在地上用树枝教他写字。先写"人"字，那时他感到这个"人"字很难写。那时他太小，现在想起来，已记不起韶山是个啥样子。湖南省政府先是派一辆吉普车把他送到七里铺，再往前只有一条人行路，村里已派人给毛岸英准备了一匹马。毛岸英很喜欢马，真想过过瘾骑马跑一程，可他不能让村里陪着的同志受累，于是，自己牵着马走。他一路上讲了些新鲜事，大家走得就有劲儿了。再说，他听不少老乡讲"太子回乡了"，感到吃惊，更不能骑着马去见乡亲了。

岸英走到韶山峰下，在土地冲村里，一栋栋茅顶泥墙低矮的房屋，藏在青松翠竹中间。整个山冲葱翠如画，条条小溪弯曲得像盘绕在绿野上的银带，鸟在枝头鸣唱，鱼在水中畅游，牛在涧边走，人在梯田里，好像往天上攀。忽然嘹亮的山歌传来：

> "太子"回乡来，
> 山也笑来水也笑，
> 朵朵白云多开怀。

毛岸英听出这是用家乡话唱的，大吃一惊，心里颤抖起来，赶忙唱道：

> 韶山儿子回乡来，
> 天也叩来地也叩，
> 养育之恩要回拜。

从密林中冲出一群佩戴着袖箍的民兵，一下子把毛岸英围起来。毛岸英扬起双手说："兄弟们，同志们！我是毛泽东的儿子毛岸英。谢谢你们来接我！"他举手敬军礼，然后和大家一一握手。

民兵们见毛岸英身穿军装，脚上穿着布鞋，裤腿上沾满泥土，看得出这么远的路，都是他自己牵着马走过来的。接着不少人吹响了螺号，韶山男女老幼都走出来迎接贵客。毛岸英赶忙站在土坡上，大声地讲道："乡亲们，你们好啊！爸爸要我回来看看大家，向你们问好！爸爸身体很好，工作很忙，他一直惦记着你们呢！你们千万不能把我当外人看，我是韶山毛泽东的大儿子！"人群中有人称赞说："真是毛主席家的好娃子！"

毛岸英刚到老家韶山，李克农部长便打来紧急电话，告知毛岸英北京方面要他迅速返回，并嘱咐毛岸英尽快把要办的事办完，好和他一起回京。毛岸英算了算，觉得时间还够用，他要在父亲的诞生地，单独睡几宿。于是他自己动手，将祠堂大门的两扇木板门摘下来，架在长板凳上，然后，在门板上铺了一层松软的稻草。第一夜他大半夜没睡，点起桐油灯，把临行前父亲开给他的名单看了又看，想了又想。快天亮时他才朦朦胧胧地睡着了。临行前父亲还说过，他少年时写过的两句诗"鸡鸣不晓车轮叫，隔夜难存半斗粮"，是形容韶山冲仅有土制的鸡公车作为交通工具，人民生活非常艰苦。他这宿睡得没听见啥鸡公车叫，连老公鸡叫也没听见。

第二天，他来不及敲掉鞋上的故乡泥土，又踏上土路，绕到上屋场祖父、祖母的旧屋，并在父亲和叔叔们住的屋里转了许久。整个旧居差不多快坍塌了。这时乡里同来的干部说："这些房子再不修就站不住了。"毛岸英说："我来时，父亲说过，让我看看就行了。我回去转告父亲，我想父亲不会同意大修，先把漏雨水的地方用苦草补上就行了。"

毛岸英工作效率很高，他按父亲开出的名单顺序，挨家去叩拜。他感到农村被国民党破坏得太厉害了，人民生活太苦了。他每到一家都要讲土改，讲如何才能打碎千年封建枷锁，过上好日子。他尝了无粮人家吃的野蒿草和观音土。他在笔记本上重重地写下"要告诉省、县领导干部，赶快搞好土改！不能饿死人！"并用红笔画上许多杠杠。

毛岸英把父亲省下来的津贴和一部分稿费收入，分给了穷亲戚，一家给5元、10元，最多20元。按父亲的要求他必须去大坪唐家坨，看望父亲的舅家文家人。毛岸英沿着滴水洞的山间小道，翻过八亩田坳，跨过七亩坑龙潭坨，直达大坪唐家坨。文运昌、文南松等老人把毛岸英接到家里，以芝麻豆子茶迎接贵客，还以土特产笋子、香菇、嫩蕨、鸡、鱼之类办了桌酒宴。老人说："岸英，你是你祖母的娘家亲，常言说：'娘家亲，打断了骨头，还连着筋。'岸英贤侄的到来，我等生平难得，为毛主席健康长寿干杯!"毛岸英没有坐下,他向老人们一一敬酒祝福!

几天工夫,毛岸英把父亲给他的钞票全用光了,还把他自己的钞票和思齐给他的钞票也用光了。临别时老人们又为毛岸英开了次茶会饯行。文运昌和文南松老人还将毛泽东父母的遗像、毛泽东兄弟与父母的合影,以及一些信函交给了毛岸英。

岸英是第一次在照片上看见祖父、祖母的尊容,他十分激动地连连向老人鞠躬致谢。

毛岸英此次回故乡,不但完成了父亲交给的任务,而且对这块红土地有了更深的了解,对苦难深重的祖国,增强了迫切解救之情。

(参见杨大群:《毛岸英的故事》,沈阳出版社 2001 年版)

毛岸英的思母情

毛泽东和杨开慧的表率作用，给毛岸英留下了深深的印象。毛岸英对父母有着深深的感情。

1927 年 8 月中旬，为执行党的"八七"会议决议，毛泽东一家人从武汉回到杨开慧的家乡板仓。当晚，毛泽东即在杨开慧和地下党的掩护下走出板仓冲，巧妙地绕过国民党清乡自卫队驻地天王寺，经长沙到达湘赣边境，27 天后即爆发了震惊中外的秋收起义。杨开慧坚持开展以板仓为中心的武装斗争，老一辈板仓人都晓得杨开慧的处境艰难，国民党悬赏千块银元取毛泽东堂客的头，她又要抚育 3 个幼小的孩子，非意志坚定者不能承担。

板仓老屋上坳不远的杨氏宗祠杨公庙，办有官立县四十小学，是杨开慧发蒙的学堂，当时毛岸英 6 岁，毛岸青 4 岁，正是上学年龄，学堂里却不见毛岸英、毛岸青兄弟身影。后听外婆向振熙老人说，毛岸英兄弟的启蒙老师就是杨开慧。杨家是书香门第，从小熟读诗书，毛笔字周正入格，因此两个孩子的书写都特规矩。毛岸英 4 岁时能背《三字经》和唐诗宋词若干首，5 岁时始读子书一类的古文并循序渐进地学习小学语文、算术课程，常缠着妈妈讲《水浒传》《三国演义》中的故事。妈妈行踪不定，母子常常几天难得一见，只要在一起，母亲就把毛岸英兄弟叫到跟前点读课文，逐字讲解。兄弟二人悟性高，再见妈妈时已能释词知义。

平日里，兄弟二人多不出板仓老屋，晨起诵读妈妈布置的诗文，上午习字做算术，下午帮孙妈妈（保姆陈玉英）侍弄菜园或挑水捡柴。兄弟俩偶尔也去半里外的红菱港扒虾捉鱼，或站在石拱桥上唱"摇、摇、摇，摇到外婆桥"……童子声悠悠地与溪水唱和。当初谁也不知道是哪家的伢崽，时间久了方知是板仓老屋的外孙。一天，毛岸英背起了一首牵人情肠的诗：天阴起朔风，浓寒入肌骨，念兹远行人，平波突起伏。足疾已否痊，寒衣是否备，孤眠谁爱护，是否亦凄苦？

板仓史韵悠悠。1982 年秋天，板仓老屋维修时，在杨开慧卧室后墙的砖缝里发现她的 12 页泛黄手稿，蝇头小楷，清秀明丽。其中有 1929 年 6 月 20 日她写给一弟（时任中共湖南省委秘书长的堂弟杨开明）的"托孤"信；有 1928 年 10 月她思念夫君的《偶感》诗，毛岸英当年背诵的正是这首诗。母亲的心境何尝不是儿子的心境呢？

1988 年 4 月 10 日，《中国青年报》首次公开发表了毛泽东 1909 年 16 岁时写的《七绝·咏蛙》，毛泽东 1925 年曾在韶山一字一句地教给牙牙学语的岸英：独坐池塘如虎踞，绿荫树下养精神。春来我不先开口，哪个虫儿敢作声？两相比较，托物言志，诗韵气质，一脉相承，子承父志已见一斑。

1950 年初春时节，在板仓人民分田分地正忙的大喜时刻，毛岸英带着爸爸的嘱托回到板仓。那是他与板仓乡亲 20 年后的重逢，一头扑进乡亲们的怀里。乡亲们争相拥到板仓老屋，看望自己的小老乡：魁伟高大，举手投足像爸爸；慈眉善目，一举一动像妈妈。他向各位父老乡亲深深鞠躬致谢："我是板仓的外孙，睡板仓的摇篮，喝板仓的水长大，那是前世有缘，后世有福，全托了大家的福！"

板仓老屋旁的棉花坡上长眠着杨开慧烈士和她父亲杨昌济先生。毛岸英按板仓的习俗虔诚祭拜外公和妈妈，他长跪母亲坟前，泪声连连：亲爱的妈妈，儿回来为您扫墓，您在狱中对我的叮咛铭刻于心，"学会坚强，永生永世跟党革命。妈妈永远爱你的爸爸，长大后你要听爸爸的话，要心疼他、孝顺他。你是哥哥要照顾好弟弟们……"大爱如山，板仓人为之动容，从此年年清明隆重祭奠。

（参见《湖南日报》"人物"版 2013 年第 25 期）

毛岸英的婚礼

因为还差几个月，刘思齐才到法定结婚年龄，因此毛泽东没有同意他们结婚，毛岸英还为此闹情绪。后经毛泽东严厉批评，几天后，毛岸英想通了，向父亲做了检讨，承认了自己的错误，并表示等革命成功以后再结婚。看到儿子终于明白过来，毛泽东笑着说："很好。这样，你就是一个模范的守法者，而不是一个违法者了。"

直到 1949 年 9 月，毛岸英和刘思齐才再次商量准备结婚。征求了刘思齐的母亲张文秋的意见后，两人初步定下了婚期。10 月 4 日下午，毛岸英来到父亲那里，把想结婚的打算告诉毛泽东，再次征求他的意见。

毛泽东说："我同意，你们准备怎么办婚事呀？"

毛岸英说："我们商量了，越简单越好，我们都有随身的衣服，也有现成的被褥，不用花钱买东西。"

毛泽东听了非常高兴："不花钱办喜事呢，这是喜上加喜。浪费可耻，节约光荣，还是应该艰苦朴素。"接着，毛泽东又说："但你们结婚是一辈子的大事呀，我请你们吃顿饭。你们想请谁就请谁。你跟思齐的妈妈说说，现在都是供给制，她也不要花钱买东西了。她想请谁来都可以，来吃顿饭。"

经过商量，毛岸英和刘思齐列好了宾客的名单，上面有邓颖超、蔡畅、康克清、谢觉哉、陈瑾昆等。

看过了名单，毛泽东摇摇头说："你们只请邓妈妈不行，请了邓妈妈，还应该请恩来叔叔；请了蔡妈妈，还应该请富春叔叔；请了康妈妈，还应请总司令；请了谢老，还应请王定国；请了陈老，还应请梁淑华。还有少奇和光美同志也要请。弼时同志有病住在玉泉山休息，就不要麻烦他了。该请的人由岸英去请，打电话或亲自去请都可以。吃什么也由你们跟他们商量，最好是家常便饭，简单一些。你们俩的意思是婚事简办，我完全赞成，就是要改一下旧习嘛。"

1949 年 10 月 15 日，毛岸英穿着当翻译时的工作服，刘思齐穿着灯芯绒布上衣，半新的裤子，方口布鞋。免了鞭炮迎亲，少了锣鼓齐鸣，没有唢呐助兴，共和国主席长子的婚礼就这样在中南海举行了。

晚上，在菊香书屋里，大家欢聚一堂，都夸毛岸英、刘思齐是一对好夫妻，说毛主席找了个好儿媳。伯伯、叔叔、阿姨还带来了小礼物，向他们表示祝贺。蔡畅、康克清各送了一对枕头套。王光美送给刘思齐一套睡衣。毛岸英让刘思齐好好保存这些喜礼，以留作纪念。

婚宴一共只设了两桌，菜肴也很简单，以腊肉腊鱼为主，兼有湖南风味的辣椒和苦瓜，还有一碗红烧肉。席间，毛泽东举杯走到刘思齐的母亲张文秋面前，说："谢谢你教育了思齐这个好孩子。为岸英和思齐的幸福，为你的健康干杯。"

张文秋说："谢谢主席在百忙之中为孩子们的婚事操心。思齐年幼不大懂事，希望主席多多批评指教。"

酒至半酣，毛泽东一边往徐特立、谢觉哉等老人碗里夹菜，一边说："孩子的婚事没有要我操心，也没买这买那。吃了饭，请你们到他们的新房里去看看。"婚礼结束后，毛泽东又对大家说："今天是非常高兴的一天，因为这是岸英和思齐结婚的日子，这喜酒和便饭，是岸英自己张罗的。他办得还可以，我要表扬他。如果办得不好，我也会批评他的。"

随后，毛泽东拿出一件黑色大衣，这是 1945 年他去重庆谈判时穿过的。他笑着说："我没有什么贵重礼品送给你们，就这么一件大衣给你们当新婚礼物，白天让岸英穿，晚上盖在被子上，你们俩都有份。"

毛岸英接过大衣，和刘思齐一起说："谢谢爸爸。"在场的人全都笑了。

毛岸英和刘思齐的新房是社会部的宿舍。门上贴着大红喜字，房间里的床铺、桌子、椅子是向公家借的。床上只有两条薄被，一条是由单位发的统一规格的被子，另一条是刘思齐带过来的嫁妆。其余的，只是一些必不可少的生活用品。

中华人民共和国第一任主席毛泽东的长子的结婚"仪式"，竟然是如

此简单！儿子儿媳的新房竟是如此简朴！毛泽东对儿子的婚事的关心有独特之处，他给予一对新人的关爱不是华丽和奢侈，而是培养了他们遵纪守法、勤俭节约的优良作风。

（参见刘金田主编：《清廉领袖毛泽东》，江苏人民出版社 2013 年版）

毛泽东曾打算送毛岸英去新疆工作

毛泽东对新疆怀有深深的感情。他的弟弟毛泽民曾在新疆从事革命工作，后来被反动军阀盛世才杀害。毛泽东的亲家张文秋曾被盛世才长期关押在监狱里，当时她是带着女儿坐牢的。后来，经组织营救，张文秋带着女儿回到延安。新中国成立后，毛泽东把自己对新疆的这种特殊感情，转化为对新疆建设的关心和对新疆各族人民的热爱。他的这种情感，表现在许多方面。其中一个例子就是，他曾打算送大儿子毛岸英去新疆工作。

赛福鼎在其回忆录中记述了这一史实。

1950 年夏天，赛福鼎到北京参加中央人民政府委员会会议。会议闭幕后，毛泽东专门找到赛福鼎，请他到自己家里做客。为了尊重赛福鼎的生活习惯，毛泽东还让人把已经做好的饭菜全部撤掉，专门请北京饭店的清真厨师带上牛羊肉到自己家里，给赛福鼎做清真饭菜。席前和席间，毛泽东谈了许多关于新疆历史和现实的故事，谈到了湖南的维吾尔族。毛泽东说，维吾尔族人纯朴、善良、勤劳、好客、宽宏大量，这些都是维吾尔族人民的突出美德。在谈话中，毛泽东还对赛福鼎阐述了中国共产党的民族政策，赛福鼎深受教育。

吃饭时毛泽东还让孩子们出来，陪同赛福鼎一起吃饭，并把孩子们一一介绍给赛福鼎。当介绍到毛岸英时，毛泽东说："这是我的大孩子，叫毛岸英，在苏联上完大学回来。"

赛福鼎早年也在苏联留学，俄语很好。当得知毛岸英是从苏联留学回来的，知道毛岸英的俄语一定很好，便用俄语和毛岸英交谈起来。他询问了毛岸英在苏联的学习、生活情况和对苏联的印象等，毛岸英也用俄语一一对答，二人谈得十分热烈。

毛泽东听着毛岸英用俄语流利地与赛福鼎对话，脸上露出了满意的神色。他问赛福鼎："怎么样？他的俄语及格不？"赛福鼎说："完全及格。

讲得流利而标准，而且充分显示了俄罗斯人的性格。"毛泽东说："我的俄语不行，但听得出来，他讲俄语不困难。"

接着，毛泽东严肃地对毛岸英说："大学毕业了，但你学的那点书本知识是不够用的。你还需要继续学习，还要学习自然科学、社会科学；要去基层，到群众中去，向群众学习，在劳动中锻炼……我把你交给赛福鼎同志，你随他到新疆去。新疆是个好地方，那里的人民非常好，他们会欢迎你的。你要拜各族人民为师，好好为他们服务。为此，你首先要学会维吾尔语言、文字。"

赛福鼎听毛泽东这样说，内心非常高兴。他马上对毛岸英说："欢迎你到新疆去工作。新疆人民的心像哈密瓜一样甜，你很快就会爱上新疆人民的。而且在掌握了俄语后，你也能很快学会维语。"

毛岸英也非常希望到新疆工作。他急切地问赛福鼎："你什么时候回新疆？这次能带我去吗？"赛福鼎本想马上答应，但想听听毛泽东的具体安排，便用祈望的眼神看着毛泽东，希望他发表意见。毛泽东说："新疆是一定要去的，不过你应先去最艰苦的环境锻炼，以后再去新疆。"

席间，毛泽东还严肃地对毛远新说："你爸爸就是在新疆被盛世才杀害的，你将来更应去新疆，去完成你爸爸未完成的事业，好好为各族人民服务。"赛福鼎也对毛远新说："新疆人民没有忘记你爸爸。他在新疆办公的地方、他用过的东西都完好地保存着。你长大后，一定要去新疆工作，新疆人民会欢迎你的。"

这次谈话后没有多久，朝鲜战争爆发，毛泽东决定派毛岸英去朝鲜前线抗美援朝。不久，毛岸英牺牲在朝鲜。因此，毛泽东派儿子去新疆工作的想法没有实现。但毛泽东打算送毛岸英去新疆工作这件事情，体现出他对新疆的关心和对新疆各族人民的热爱，也体现出他希望毛岸英能多了解少数民族地区的情况和建设好新疆的良好愿望。

（参见霞飞：《毛泽东曾打算送毛岸英去新疆工作》，《党史博览》2010 年第 10 期）

专列上的难忘情

1949 年 12 月 6 日，毛泽东率中国党政代表团乘火车离开了北京，前往苏联进行首次友好访问。

火车过天津而出山海关，经沈阳而后过长春，一路上风驰电掣。随火车为毛泽东送行的人员有聂荣臻、李克农和毛岸英等人。路过沈阳时聂荣臻下了车，换上了中共中央东北局的负责人高岗。

夜色朦胧，火车飞奔。已经是后半夜了，毛岸英劝爸爸躺下休息："爸爸，躺下睡一会儿吧！"毛泽东为国为民日夜操劳，平日里很少有时间同儿子在一起说说话。现在儿子就在自己的身边，也和自己一样依然未睡，不由疼惜地说："岸英啊，你也去睡嘛！"

毛岸英近前说："我年轻，不困……"

毛泽东关爱地说："年轻人才容易犯困哩！"

毛岸英在爸爸的身边坐下来，倚着爸爸的肩头说："爸爸睡，我就睡。"

不知怎的，毛泽东的眼睛陡然泛红，长叹了一口气说："岸英，明年春上你和岸青回湖南去，看看你外婆，再到你妈妈的坟上去看一看，替我烧炷香……"

毛岸英悄声问："爸爸还信这些？"

毛泽东说："你外婆信呢，再说这也是寄托哀思的一种方式。"

毛岸英答应说："我记着爸爸的话了，明年一定和弟弟一起回去。"又说："爸，你真的该躺一会儿了！"

毛泽东深情地看看儿子，并没有躺下去，而是点燃了一支香烟，然后说："如今你长大了，也结婚了，我很高兴……"说着，毛泽东从自己的衣兜里掏出来两张纸递给儿子，继续说："明年春上回长沙，到你妈妈坟上替我把这两张纸烧了，你妈妈泉下有知，会晓得的……"

"爸……"毛岸英打开折叠的纸一看，是爸爸用铅笔写的一首词《虞美人·枕上》，始作于1921年。还有抄录的一首乐府民歌：

堆来枕上愁何状，江海翻波浪。夜长天色总难明，无奈披衣起坐数寒星。

晓来百念都灰烬，剩有离人影。一钩残月向西流，对此不抛眼泪也无由。

上邪！我欲与君相知，长命无绝衰。山无陵，江水为竭，冬雷震震，夏雨雪，天地合，乃敢与君绝！

只看了一眼，毛岸英的眼泪一下子涌出了眼眶，毛泽东疼惜地伸手抚摸着儿子的肩头，安慰说："莫哭，去睡吧！"毛岸英收好爸爸写给妈妈的诗词，抬手擦拭着未尽的眼泪对爸爸说："爸，你先睡……"

毛泽东答应了："好，我睡。"

见爸爸答应睡了，毛岸英走到车厢尽头，整理铺设在那里的一张简易行军床。见儿子去铺床，毛泽东起身走近儿子，低声说："你睡这里吧，我去睡大床……"

毛岸英抬头说："大床太硬，爸爸睡这里……"

毛泽东说："不妨事的，爸爸睡习惯了呢！"

毛岸英站直了身子说："爸，今天听我一句，就在这儿睡吧！"

看着儿子恳切的目光，毛泽东终于答应在儿子为他铺好的那张行军床上躺了下来。

12月9日下午3时20分，由毛泽东率领的中国党政代表团乘坐的火车抵达了中苏边境城市满洲里。当毛泽东和随行人员转乘苏联方面派出的专用列车时，毛岸英站在积了雪的站台上连连向爸爸挥手，同时大声呼喊："爸，一路保重！一定要多保重啊！"

车厢内，毛泽东隔窗望着儿子伫立于雪地中的身影，再次深情地向儿子挥了挥手……

随着汽笛的一声长鸣，载着中国党政代表团的苏联列车徐徐开动了。满洲里车站上，厚厚的积雪中，毛岸英和李克农、高岗等人依然站在那里，望着渐渐远去的列车，久久不曾离去……随着列车的隆隆声，毛岸英为父亲祝福，祝他苏联之行一切顺利。

（参见邸延生、邸江楠著：《毛泽东和他的儿女们》，人民日报出版社 2011 年版）

中组部副部长不同意毛岸英入朝参战

1950 年 10 月的一天，就在毛泽东同意儿子毛岸英去朝鲜参战后不久，毛岸英便来到中央组织部副部长帅孟奇家，向这位长期关照他、疼爱他的"老妈妈"辞行。

帅孟奇，1897 年生于湖南省龙阳（今汉寿县），曾被誉为汉寿县"四大金刚"之一。由于詹乐贫、陈刚、毛觉民等战友先后牺牲，党中央以为久无音信的帅孟奇也不在人世了，因此张闻天在 1937 年 5 月中国共产党苏区代表大会的开幕词中，把帅孟奇的名字也列入了被悼念的烈士名单里。

1932 年 10 月，帅孟奇在领导上海丝织厂工人罢工时被国民党特务逮捕。在长达五年的监禁中，敌人对她施用了种种酷刑，牙齿被敲掉了，腿骨被压断了，眼底被刺伤了，但她宁死不屈，保护了党的机密。1949 年 7 月，她调到中央组织部工作，先后任中央组织部处长、副部长，后来又任中央监察委员会常委，第三届全国人大常委会委员。

帅孟奇为革命失去了家庭，虽然无儿无女，但却关爱和抚育了一大批烈士遗孤和革命后代，包括郭亮、黄公略、彭湃、李硕勋、李大钊等烈士的子女，被烈士子女和晚辈们尊称为"帅妈妈"。

毛岸英从苏联回延安不久，毛泽东就叮嘱他去看望老革命、老前辈帅孟奇。毛岸英懂事理、体贴人，"帅妈妈"长"帅妈妈"短地叫得她心里热乎乎的。毛岸英跟帅孟奇拉起家常来没个完，经常给她宽心解闷。在所有的干部子女中，帅孟奇尤其喜爱小老乡毛岸英，而自幼失去母爱的毛岸英也从帅孟奇那里得到了母亲般的温暖和无微不至的关怀。

现在，毛岸英要把自己即将赴朝参战的喜讯告诉"帅妈妈"，让老人家也高兴高兴。所以他一走进帅孟奇的家门就兴奋地说："帅妈妈，告诉你一个好消息，我要去朝鲜了，去打美国鬼子！"

出于对领袖之子的关怀爱护，帅孟奇对毛岸英赴朝参战有她自己的想法。她对毛泽东一家人为中国革命所作出的贡献和牺牲太了解了，她考虑的是，毛泽东身边只剩下毛岸英和毛岸青两个儿子了，毛岸青身体又不好，万一毛岸英在战场上有什么闪失，对晚年的毛泽东来说，打击实在是太大了。

"什么好消息？"帅孟奇故作不悦地说，"你要去朝鲜打仗，我不同意！"

"为什么？帅妈妈。"毛岸英脸上的笑意一下子被赶跑了。

"那里很危险！"

"危险？"毛岸英不以为然，"进城时我负责的扫雷任务危险不危险？不也没有什么事吗？帅妈妈，您就把心放在肚子里吧！"

提起扫雷，那还是一年前中央机关刚刚进城时的事情。正在中南海扫雷的毛岸英接到李克农的一个紧急电话，说第二天下午中央领导同志要进北平，准备在颐和园休息并宴请民主人士，命令他们火速转往颐和园排查场地。

军令如山，时间紧迫，用常规办法扫雷已经来不及了，毛岸英急中生智，与工兵排的同志一起手挽着手在颐和园周围、庭院内外用步行脚踩的办法来排雷。

毛岸英对帅孟奇说："帅妈妈，我本来就是军人呀！再说去朝鲜是在志愿军总部工作，和彭老总在一起，总比扫雷排雷安全多了吧！""不管你怎么说，就是不能去。我是组织部的人，没有我的批准，你就去不成！"帅孟奇语气坚决。

"帅妈妈，美帝国主义打到咱们国门了，好多青年都在报名参加抗美援朝，我是一名党员，怎么能落后于群众呢？"毛岸英越说越激动，"保家卫国是全党全民的事情，困难当头，我应该带头去朝鲜才是！"

"你在工厂工作也很重要，也是对抗美援朝的支持呀，不一定非要去朝鲜前线！"

"可我是毛泽东的儿子，党中央发出了抗美援朝的号召，我应该带头响应，带头到前线去，到最艰苦、最危险的地方去。我连这点牺牲精神都

没有，怎么能对得起去世的妈妈呢?"毛岸英情绪激昂地说。

"那你爸爸同意吗?"

"他不但同意，而且还认为我应该去。"

帅孟奇还想做最后的劝阻:"就是你爸爸同意你去，彭老总也不会带你去。我看你还是在工厂老老实实地当好你的副书记，不要胡思乱想。"

"唉……"毛岸英非常了解"帅妈妈"这份母爱情感的真挚，也更了解"帅妈妈"感情上不愿意自己上前线、道理上又不好太过阻拦的矛盾心境。

10月14日，跟随彭德怀去沈阳做出征准备工作的毛岸英又回到北京。他在北京只能停留一天，然后返回东北，再从那里去朝鲜战场。在紧张的工作之余，毛岸英挤出一点时间，跟亲友、同事们告别。

毛岸英又来到"帅妈妈"家。他拉着帅孟奇的手说:"帅妈妈，我这次来是向您辞行的。"

"岸英，你真的要走?"

"是的，前几天我和彭总去了一趟东北，明天就要动身去朝鲜了。"

帅孟奇知道毛岸英决心已定，就没再多说什么，只是心里一阵酸楚。她拉住毛岸英的手说:"既然你明天就要离开，以后还不知道什么时候才能见面，帅妈妈给你做饭去，吃了饭再走!"

"行，帅妈妈，我就喜欢吃您烧的菜。"

帅孟奇做的湘菜很适合毛岸英的胃口，但饭桌上的气氛沉闷。帅孟奇不再像以往那样喜笑颜开，问这问那，她除了不时给毛岸英添饭夹菜，让他多吃一些外，很少说话。毛岸英也没有过去话多，只顾闷头一口一口地往嘴里扒饭。

临别时，帅孟奇要即将远行的毛岸英靠到她身旁，像慈母一样用颤抖的双手抚摸着他……

"岸英啊，我是不同意你去的! 唉——"帅孟奇叹了一口气，"可你和你爸爸一样，决定了的事情就非要去做不可。既然你爸爸同意你去，我也拦不住你，那就去吧!"

毛岸英动情地说:"帅妈妈，您放心! 况且，我也不是直接到前线去，是在彭总的司令部工作。"帅孟奇叮嘱道："上战场可不是儿戏，枪弹无情，你要当心啊！"

"帅妈妈，您放心好了！再说，人总是要死的，只要对人民有利，为中国人民和朝鲜人民去死，为抗击美国侵略者去死，也是死得其所！我是共产党员，共产主义革命是不分国籍的，而且有几十万人都去，也不是我一个人孤军作战。"毛岸英神情坦然地说。

"帅妈妈"以恋恋不舍的目光，看着这位即将出征的将士，不由得肃然起敬。

毛泽东谈抗美援朝和爱子毛岸英

毛泽东的老同学周世钊到北京见毛泽东，当谈起抗美援朝战争时，他说："润之兄，1950 年至 1953 年的那一场抗美援朝战争，也是一场危险的战争啊！当时经过 8 年抗日战争、4 年解放战争，全国人民刚刚得到解放，中国到处是废墟，穷得叮当响，建设新中国是那时候的头等大事，也是大好时机。人民希望和平建设自己的国家，过和平的生活。谁知战争创伤还没有来得及医治，又碰上朝鲜战争。当时我是一怕影响我们的和平建设，二怕打不赢美国。但后来我们居然把它打败了，真是了不起啊！"

毛泽东对这个话题十分重视。他说：

"关于抗美援朝的问题，那也是迫不得已的事情。你讲得对，那时全国刚解放，最急切的问题，莫过于和平建设。如果要我讲理由，我可以讲得出千条万条。但是这千条万条理由，也覆盖不住'不能置之不理'这六个字。美帝国主义侵略朝鲜的最终目的是要侵略我们的新中国。它当时进攻的矛头，实际上已经直指我国的东北，朝鲜只是它的跳板。如果它真的把朝鲜搞垮了，纵然它不越过鸭绿江，我们的东北也要在它的威胁中过日子。那我们又怎么能进行和平建设呢？如果我们置之不理，那就正中它的下怀，它就会得寸进尺，就会走日本帝国主义侵略我国的老路，甚至要比日本搞得更厉害。

"当时我已经看出，美帝国主义要把三把尖刀插在中国的身上。从朝鲜方向来，一把尖刀插在我们的头上；从台湾方向来，一把尖刀插在我们的腰上；从越南方向来，一把尖刀插在我们的脚上。它就是想要从这三个方向来向我们中国进攻。我们当时搞抗美援朝的目的，就是不允许美帝国主义打的那个如意算盘得逞。这就叫作'打得一拳开，免得百拳来'。所以当时我们才下决心要采取抗美援朝这一正义行动。

"那时，新中国刚刚成立，人民政权还没有完全巩固，战争创伤尚未医治，人民解放军的武器装备还相当落后，国家财政经济状况又很困难，我们的海军、空军还处于初创阶段。在这种情况下，敢不敢迎战世界上国力最强大的美国，这确实是一个非同小可的问题。面对这种情况，当时确实有人不同意派志愿军出国作战，认为没有必胜的把握，免得引火烧身。我们是从来不打无准备之仗的。当时我和中央的一些同志经过周密的考虑和研究，制定了持久的战略方针。我们对这场战争充满了胜利的信心和决心。

"那时我们分析美帝国主义的军队有一长三短。它的钢铁多，飞机大炮多，这是它的唯一优势，即长处。但是它在世界上的军事基地多，它到处树敌，到处布防，兵源不足是它的第一短；它远隔重洋，侵略朝鲜，运输线太长，武器和物资供应困难，这是它的第二短；为侵略而战，师出无名，士兵士气低落，这是它的第三短。这三短是它的致命伤。它虽然有一长，但不能盖过这三短。

"我们则为正义而战，师出有名，为抗美援朝而战，为保家卫国而战，我们的战士士气高昂，兵源充足。但我们不祈望速战速决，我们要和它进行持久的战争。我们要一步一步地消灭它的有生力量，要使得它每天都有损失，每天都有伤亡。它一天不撤退，我们就打它一天。它一年不撤退，我们就打它一年。它十年不撤退，我们就打它十年。这样一来，它就会伤亡多，就会受不了。到那个时候，它就不得不坐下来和我们进行谈判，和平解决问题。只要它愿意和平解决问题，我们就可以结束这场战争。这就是说，美帝国主义侵略朝鲜，无论它怎么打，都一定要彻底失败。

"我们那时靠的基本上还是小米加步枪的武器装备。但战争的结果是，美国失败了，这是历史的结论。抗美援朝这一仗，我们不仅打出了军威，而且打出了国威，在国际上的地位大大提高了。我们虽然付出了代价，但我们打的这一场战争还是值得的！"

周世钊惋惜地说："唉，只是岸英在朝鲜战场上牺牲了。这是不是和彭德怀没有尽到责任有关啊？如果你不派他去，我看他是不会牺牲的。"

毛泽东吮吮下唇，心情稍有压抑地说：

"不能这样说啊，我的悖元兄！岸英的牺牲，责任完全在美帝国主义

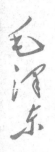

身上。岸英是为保卫中国人民和朝鲜人民的利益而出国作战的，是为保卫世界和平事业而牺牲的。彭德怀是没有什么责任的，我们不能去责怪他。当时我得到岸英牺牲的消息后，内心是很难过的。因为我很喜欢岸英这个孩子。

"岸英牺牲以后，当时有人提议要把他的遗体运回国来安葬，我没有同意。我说，青山处处埋忠骨，何须马革裹尸还？我说岸英是为响应党中央的号召，是为抗美援朝、保家卫国牺牲的，就把他的遗体安葬在朝鲜国土上，让他显示中朝人民的友谊万古长青吧！

"当然，你说如果我不派他到朝鲜战场去作战，他就不会牺牲，这是不错的。但是你要知道，我是党的主席啊！在那种比较困难的情况下，当有人不同意打的时候，我就更要表现出我的坚决。我是极力主张抗美援朝、保家卫国的。后来我的意见也得到了党中央的赞成。党中央作出了关于抗美援朝、保家卫国的正确决定。党中央的这一决定，得到了全国人民和朝鲜人民以及全世界一切爱好和平人民的支持和拥护。党中央的决定公布以后，很快就在全国范围内掀起了一个抗美援朝、保家卫国运动的高潮。

"我作为党中央的主席，作为党和国家的一个领导人，自己有儿子，不派他去朝鲜抗美援朝、保家卫国，又派谁家的儿子去呢？我自己不以身作则，又怎么好去教育别人呢？如果人人都像我一样，自己有儿子不派他去上战场打仗，光派别人的儿子上前线打仗，这又算什么领导人呢？这是一方面；另一方面来说，岸英是个青年人，他从苏联留学回国后，到农村进行过劳动锻炼，但他没有正式当过兵，更没有正式上过战场打过仗。我一贯认为青年人就要到艰苦的环境中去锻炼，就要在战斗中成长。基于这些原因，我才要他到朝鲜战场上去的。他虽然牺牲了，还是死得其所的。"

从对话中，我们可以看出毛泽东的伟大胸怀和爱国主义、国际主义的高尚精神！

（参见陈明新编著：《领袖情：毛泽东与周世钊》，中共中央党校出版社1997年版）

毛岸英的遗物

1990 年，中共中央办公厅警卫局全面清理毛泽东同志留下的遗物。在这次清理工作中，人们有了出人意料的发现：仓库一个毫不起眼的小柜里有几件叠得整整齐齐的衣物，一看就是精心收藏起来的。

衣物简朴得几近寒酸：旧得已经严重发黄的长袖衬衣、用长袖衬衣剪短袖子后改成的短袖衬衣、前后都打着补丁的纱袜、破了洞的毛巾、新中国成立初期军队统一配发的防寒帽……所有的东西都普通得不能再普通。

人们感到非常奇怪。因为这些衣服的大小，跟毛泽东的身材根本不合适，肯定不是毛泽东自己穿的，而且，毛泽东对自己生活方面的事情也从来不过问，穿什么用什么从来不要求，他用的东西，哪怕一条毛巾、一粒扣子都是身边的工作人员帮他打理。他的管理员吴连登说："可以说，他有哪些穿的用的，我们比他自己要清楚得多。"可是，就连吴连登他们这些在毛泽东身边工作多年的人，都从来没有见过这些衣物。

这批衣物究竟是谁的？毛泽东又为什么要如此珍重地收藏它们呢？

最终，毛岸英的妻子刘思齐揭开了这个谜团："这是岸英的遗物。岸英在朝鲜牺牲后，志愿军方面清理了他留下的这批遗物送回祖国，交到了爸爸手中。爸爸收到这批遗物后，没有把东西转交给我，而是自己悄悄收起来了——他不愿意让我看到这些东西而伤心。"

毛泽东去世 14 年之后，警卫局将这些遗物转交给刘思齐。同年，刘思齐又将毛岸英的遗物分别捐赠给毛岸英母亲家板仓和父亲家韶山。其中韶山收藏的有：

毛岸英在朝鲜穿过的衬衣，白棉布底，赭色细方格，商标为一树叶，标有"荣新内衣厂出品"字样，左胸口袋，长袖，7 粒小白色胶扣，其中袖口有两粒，领口有"130114 领衬"字样。领口严重发黄，衣下摆也发黄，衣前胸有黄迹。

毛岸英参加志愿军后戴的蓝色棉帽，帽顶径 20 厘米，蓝色面料，帽舌有较密的机缝线，两边有护耳和后帽檐，帽里为灰色，有螺旋形机缝线。

毛岸英在朝鲜穿过的灰色纱袜，长 57 厘米，底长 24 厘米，为长筒袜，纱织，袜底前部、后跟各有一个黑布补丁。磨损严重，已褪色。

毛岸英在朝鲜穿过的浅蓝色长袖改短袖衬衣，长 62 厘米，肩宽 39 厘米，袖长 53 厘米，胸围 92 厘米。这本是一件长袖衣，剪下的袖子约长 24 厘米，宽 7 厘米，补在衣领上，为浅蓝色竖条格，左胸有 1 个口袋；白色胶扣 5 粒，袖子上有小白胶扣两粒。

一件黄色短袖衬衣，长 64 厘米，肩宽 38 厘米，袖长 17 厘米，胸围 110 厘米，为棉质，商标为"冠军 champion DAHJRMG"。有个口袋，5 粒白色胶扣。领口已磨损，衣正身有黄斑。

毛岸英在朝鲜用过的一条白毛巾，棉质，长 71 厘米，宽 27 厘米，呈长方形，两头有穗。毛巾一头的右下角盖有一个浅黑色菱形章，字迹已模糊。这条毛巾已严重磨损，多处有大、小破洞，并有大面积黄斑。

面对这些遗物，人们既有叹惜又有深思。

（参见黄晖编著：《毛泽东遗物的故事》，湖南人民出版社 2011 年版）

毛岸青 篇

　　毛岸青，1923 年 11 月 23 日生于湖南长沙。1930 年 11 月 14 日，其母杨开慧被反动军阀残酷杀害。毛岸青和哥哥毛岸英、弟弟毛岸龙三人在中共地下党组织的营救和安排下，秘密转移至上海，不久毛岸龙因病早逝。1936 年，在上海流浪 5 年之久的毛岸英、毛岸青被党组织送到苏联学习。在苏联卫国战争中，毛岸英主动要求参军上前线，毛岸青积极参加挖战壕、运伤员等支援前线的活动。

　　1947 年，毛岸青回国，由李富春、蔡畅介绍加入中国共产党，随后遵照父愿参加了黑龙江克山县土改试点。1949 年 7 月，毛岸青回到北京，在中共中央宣传部马列著作编译室任俄文翻译，他翻译出版了 10 多部马列经典著作和政治理论书籍。

　　长期以来，毛岸青和夫人邵华怀着对父亲毛泽东的深厚感情和对党的事业的忠诚，先后共同主编了纪念文集《我们爱韶山的红杜鹃》、大型纪实文学丛书《中国出了个毛泽东》，参与策划摄制了《杨开慧》等革命历史题材影视作品，在各种刊物上发表了几十篇纪念文章。

　　晚年的毛岸青关心国家大事，关注祖国统一，拥护改革开放，热心支持老少边穷地区建设，多次和夫人邵华、儿子毛新宇重走长征路，到革命老区、工厂、农村调研，并以多种形式帮助失学儿童，支持创办了多个青少年爱国主义教育基地。

　　毛岸青爱好广泛，多才多艺，坚持读书、作词、谱曲。在长期与疾病作斗争的过程中，他始终保持顽强的毅力、乐观向上的生活态度。

　　新华社北京 2007 年 3 月 24 日电：毛泽东主席和杨开慧烈士的次子毛岸青同志，因病医治无效，于 2007 年 3 月 23 日 4 时 20 分在北京逝世，享年 84 岁。

寄厚望于次子毛岸青

毛泽东同样疼爱次子毛岸青，并寄予厚望于他。毛岸青患病，毛泽东对他十分关心。

杨开慧英勇就义后，国民党特务曾以她的三个孩子为诱饵，企图捕获毛泽东。1930年冬，地下党组织安排他们转移。毛岸青和哥哥毛岸英、弟弟毛岸龙，由外祖母向振熙、舅妈李崇德带领奔赴上海。不久，由于地下党组织受到破坏，兄弟三人无依无靠，过了一段流浪生活。他们挣扎在社会底层，吃尽了苦头，身心受到了极大的摧残。

有一天，毛岸青在街上卖报，淅淅沥沥的雨点不停地飘落。傍晚，他全身都被雨水淋湿了，报纸都湿漉漉的。报纸卖不掉，他很气恼。

"看报呀，看报呀！赣南残匪已完全肃清，伪师长毛泽覃已被击毙，第八师在会昌俘匪千余。快看重要新闻呀。"经别的报童这样喧嚷，过路的人一下子围拢来。

毛岸青心里突然像被刀捅了一下似的，他先是不相信，后来仔细一看，报上的确详细登载着叔叔毛泽覃遇难的消息，上面写着：

军息：伪中央区所属伪师长毛泽覃（系毛泽东胞弟），前因我军积极搜剿，乃率领残部，鼠匿瑞金东之黄鳝口东北大山中，本月26日，经我毛秉文部24师汤团，在该处搜获，该匪顽抗拒捕，遂为我击毙……

看着看着，毛岸青泪眼模糊了，29岁的小叔叔毛泽覃那亲切的笑容，顿时浮现在面前。国民党报纸上讲他"顽抗拒捕"，可见小叔叔决不投降，死得英勇，毛岸青脑海里翻腾着。妈妈死了，小叔叔死了，心爱的弟弟毛岸龙失踪了，还有那么多人在挨饿，这是谁的罪过呀？我要报仇！

可是，这个仇怎么报呢？他身体那么瘦弱，手无寸铁。他从口袋里摸出半支粉笔，把千仇万恨都集中在粉笔上，用颤抖的手，在涂着黑漆的电线杆上，写下六个大字：打倒帝国主义。

写完字，他微笑着欣赏自己的"胜利成果"。突然，巡捕飞跑过来，对着他的肩背就是一脚，把他踢倒在地上。路边上，一个以开纸烟店为掩护的特务分子，也蹦出来，对着毛岸青的头，一巴掌接着一巴掌。

毛岸青躺在湿淋淋的水泥地上，也不求饶，嘴里仍旧骂着："就是要打倒帝国主义！就是要打！"

"好呀，你还嘴巴硬，老子打死你活该！"

"打死这个小'共匪'，不犯法！"

正在危急关头，毛岸英从远处跑来，腋下还挟着一些没有卖完的报纸。弟弟躺在地上，已经昏了过去，鼻孔、嘴角流着鲜血。毛岸英一下子扑到他身上，把他紧紧地抱起。这时，一些下班的工人看了，都替他们两兄弟打抱不平。

一个黄包车工人走上前，把毛岸青抱起放到车上，问毛岸英："小兄弟，拉到啥地方去？快找人看病！"

毛岸英领着黄包车，拖到破庙里，他把弟弟抱下车，让他躺在稻草上。毛岸英没钱请医生，庙里的一些流浪儿，有的搞来姜汤，有的拿来红药水，毛岸青终于醒了过来。

"岸青，还疼吗？"毛岸英问。

他摇着头，嘴角上露出苦笑。

"岸青，是怎么搞的呀？"小乞丐们问他。

他摇摇头，说不出话，但他的脸上流露出愤怒。他被打成脑震荡，耳朵也被打坏了。

"岸青，岸青，你怎么不说话呀？"毛岸英急得哭了。从此以后，毛岸青的头部经常隐隐作痛，像一块驱不散的阴影，笼罩着他的一生。

毛岸青和哥哥毛岸英到苏联后，刻苦学习，多次取得优异成绩，在十年制学校里，他们连跳了几级。毕业后，毛岸青考上了东方大学，继续深造。

1946年初，毛岸英先期回国，把弟弟的情况告诉了父亲，毛泽东因长期劳累，于 1945 年 11 月开始患病，1946 年 1 月上旬虽有好转，但还不能工作，仍在疗养。当时，他见到毛岸英回国，又获悉毛岸青的消息，精神倍爽，病除大半，当即挥毫舞墨，给毛岸青写了一封信：

　　岸青，我的亲爱的儿：

　　岸英回国，收到你的信，知道你的情形，很是欢喜。看到你哥哥，好像见你一样，希望你在那里继续学习，将来学成回国，好为人民服务。你妹妹（李讷）问候你，她现在已五岁半。她的剪纸，寄你两张。

　　祝你进步、愉快、成长！

　　毛泽东对毛岸青十分疼爱，每每见到他的点滴进步，都热情鼓励。

为革命要锻炼好身体

　　毛岸青和邵华在回忆录里，记述毛泽东重视体育锻炼时说：青少年时期精力旺盛，是掌握知识、学习本领的最好时光，也是生长发育的关键时刻。毛泽东在关怀青少年德育、智育的同时，把体育也放在很重要的位置。他曾经形象地把身体比喻为"载知识之车""寓道德之舍"，把健康的身体看成是从事革命和建设事业的物质基础。他自己年轻时，不仅发奋学习、刻苦钻研、探求真理，而且十分注意为革命锻炼身体、磨砺意志、陶冶性格。他运用冷水浴、游泳、风浴、雨浴、日光浴、登山、露宿和长途步行等多种方法锻炼，为伟大的革命斗争练就了一副钢筋铁骨。

　　毛泽东认为体育锻炼不仅能增强体质、增进健康，还能培养坚强的意志和勇敢无畏的品格。他在湖南第一师范念书的几年中，把洗冷水浴作为每天的"第一课"。他说，冷水浴足以练习猛烈与无畏，又足以练习敢为，是一种很好的锻炼方法。当时，杨开慧在中学念书，在毛泽东的感染下，也在女同学中带头洗冷水浴。不少女同学在杨开慧的影响和带动下，勇敢地加入了洗冷水浴的行列。

　　游泳是毛泽东最爱好的体育运动。他说："最好的运动是游泳，能锻炼体魄、锻炼意志。"他常常去游泳池游泳，但更喜欢到江河湖海中去游泳。

　　1954 年夏季，毛泽东在北戴河。一天，北戴河海湾狂风呼啸，浊浪排空，毛泽东徒步来到岸边，极目幽燕，缅怀魏武，此情此景，更激起了他下海游泳的兴致。同去的人都劝道："风大浪大，还是不要去游了吧！"毛泽东却说："风浪越大越好，可以锻炼人的意志。"他还建议大家和他一起下海，一个也不要留在岸上，并笑着说："下去吧！别怕。浪来时，将身体浮一浮；浪去时，舒展四肢，随波逐流；只有在这时，才能真正体会到与风浪搏斗的愉快和乐趣。"大家跟随毛泽东一起跳进了海里。毛泽东就在这狂风怒涛中畅游了一个多小时。上岸后，他还精神抖擞，不知疲倦。面对滔滔的汪洋大海，毛泽东对身边的同志说："站在这儿看看，会觉得下海很可怕，可是真正下去了，也就不觉得可怕了。干任何事情都是这样，只要有勇气去实践，困难也就没什么不可克服的。"

毛泽东身体力行，坚持锻炼，也经常提醒毛岸青要注重体育，在青少年时期把体质搞好。毛岸英和毛岸青很小的时候，毛泽东和杨开慧就鼓励兄弟俩多到室外去活动，锻炼身体。毛岸英、毛岸青在家门前池塘里游泳，在风雨中奔跑、爬树、捉鸟，毛泽东、杨开慧看见孩子们这样尽情地玩，不仅不阻拦，反而很高兴。那时，毛岸英和毛岸青都长得很结实，因此，后来才能经受住艰难生活的磨炼。

1936年，毛岸英、毛岸青在去苏联国际儿童教养院的途中，途经法国巴黎，住在旅社里。附近的几个法国孩子欺侮他们，他们就用学过的中国武术进行自卫，打败了对手。这别开生面的"打架本领"，赢得了一些围观的法国孩子的赞扬，也使对手感到钦佩。后来，这些法国孩子竟成了毛岸英、毛岸青的朋友。

胆量是练出来的，毛泽东总是很注意在体育锻炼和各种细小的活动中培养孩子们的勇敢精神。新中国成立以后在北京过的第一个春节，大家放爆竹，起初，女孩子们不敢靠近，看见又长又粗的"二踢脚"，就大声嚷嚷："别放了，别放了。"点火时，她们捂着耳朵就跑。这时，毛泽东笑着说："你们都过来，每人放一个。"

大家轮流着，一个个尽量站得离爆竹远远的，手臂伸过去勉强能够着……

"砰——啪！""砰——啪！"

瞬间，一切都变得不可怕了，大家松了口气，像战士一样神气了。

毛泽东说："放鞭炮不就是这么回事吗？'嘭'的一响不就完了吗？要勇敢。"

毛岸青长大以后，毛泽东无论在谈话或写信时，总不忘提醒"努力学习，同时注意身体"。他说，如果你有一个美好的愿望，没有健康的体魄，那也是不能实现的。他叮嘱毛岸青、邵华，在给他写信时，不要只讲学习

和思想，也要谈谈身体和健康的情况。

邵华念中学的时候，一次有机会到中南海去玩，兴高采烈地将期末的学习成绩单带给毛泽东看，满以为能获得毛泽东的夸奖。可毛泽东看后并不像邵华所想象的那么高兴。他问："你身体锻炼怎么样？"

"就是爬绳不行，没有通过'劳卫制'。"

"就一项通不过也不行。'三好'才算好。"毛泽东微笑着，和蔼地说。

回到学校后，邵华便下定决心把爬绳这一关攻下来。在熹微的晨光里，在苍茫的暮色中，邵华用了比别人更多的时间加紧练习爬绳，不久，便通过了"劳卫制"。后来，邵华很喜欢体育，学习之余，常去游泳、划船、打球、射击，甚至还敢从伞塔上跳伞。当毛泽东知道这些后，十分高兴。

除了要求毛岸青、邵华积极参加体育锻炼、增强体魄外，毛泽东还经常要求注意饮食卫生和劳逸结合。他常说，五谷杂粮都要吃，有营养，对身体有好处；不要偏食，多吃蔬菜，常吃粗粮。他吃的饭里有时也掺些红豆、白薯块或小米，还经常吃老玉米；吃菜很简单，以蔬菜为主，爱吃辣椒。有时，他让毛岸青、邵华也吃辣子。一次吃苦瓜，毛泽东见毛岸青、邵华不爱吃，于是既像责备又像说笑："你们啊，吃不了辣，又吃不了苦。"

毛泽东主张学习和工作要讲究效率，生活有劳有逸。他自己在紧张工作之余和饭后总要散散步，这已是老习惯。有时，他也带着毛岸青、邵华一起散步。也许是毛泽东身体魁梧的缘故，毛岸青、邵华常要快步走才能跟上。遇到考试，毛岸青、邵华常突击看书学习，一坐就是很长时间。毛泽东很反对这样，他要求学习一会儿，活动一下。有时在工作之暇，他也和孩子们一起打打乒乓球。他说："一个人在疲劳以后，即使再连续学习十个小时，也不如休息好了以后学习一个小时效率高。"在毛泽东的熏陶下，毛岸青、邵华总是力求把生活安排得科学一些，做到有张有弛，生动活泼。毛岸青喜欢弹钢琴，并作过曲；毛岸青和邵华也常在一起下下棋，毛岸青还教大家下国际象棋。

直到毛岸青和邵华工作、成家以后，毛泽东写信给他们，还总是提醒毛岸青多散散步，多做做柔软体操（指太极拳），坚持体育锻炼。毛岸青也是照着毛泽东的嘱咐去做的。年轻时，毛岸青喜欢滑雪、滑冰，还特别喜欢踢足球。晚年，他仍然经常锻炼，坚持散步，打打乒乓球和篮球。所以，他的体质比较健壮。

毛岸青和邵华曾去鞍山参观，后又兴致勃勃地去爬千山。毛岸青看邵华一边爬一边喘气，深有感触地说："要加强锻炼啊！"当他们爬上苍翠高耸的千山顶，俯瞰璀璨阳光下山河壮丽的景色时，思绪万千，百感交集……他们想，毛泽东要是能够亲眼看到全国人民在党中央领导下，安定团结，加速实现四个现代化，热气腾腾大干社会主义的美景，一定会感到很欣慰的。

（参见毛岸青、邵华著：《我们的父亲毛泽东》，中国工人出版社 2014 年版）

毛岸青的故事

在《跟随毛泽东往事》一书中，武象廷叙述了毛岸青许多鲜为人知的故事——

毛岸青住到双清别墅后，我经常同他在一起，时间长了，我们之间也就熟悉起来了，相互之间说说笑笑，无拘无束，挺随便的。

有一次，我问毛岸青："你亲生妈妈牺牲了，现在这个妈妈好吗?"

毛岸青很动感情地说："我贺妈妈好，我和哥哥到了苏联后，贺妈妈一面工作，一面供我们上学读书，培养我们。在苏联时，我们一家4口人的生活，都由贺妈妈一个人承担，是贺妈妈把我们教育培养起来的。"

毛岸青还告诉过我这么一件事。他和李敏随贺子珍从苏联回到东北后，贺子珍在哈尔滨给他找了一个女朋友，女方也很愿意同他结合，他也没有意见。但他听说毛主席不同意毛岸英过早结婚的事，他比毛岸英还小，所以也怕他爸爸不同意，就没有同女方谈定这门婚事。讲到这里，毛岸青好像很后悔地说："我没有料想到，我回来跟爸爸一谈这事，爸爸倒没有反对这事，可是现在我们也没法联系。我也不知道人家女方在什么单位工作，真后悔。现在在这里，接触不到女同志，感到很苦恼。"

在平时，毛岸青的脑子还是比较清醒的，说话办事同正常人没有什么两样。有时候，毛岸青看见他爸爸忙得不亦乐乎，也想为爸爸的紧张工作操点心，常想主动去帮爸爸干点什么。可是他反过来一想，爸爸办公桌上的东西是不允许他随便乱翻的，所以不知怎么办好。

他告诉我，一些有关苏联的资料，他认为爸爸看起来很费事，反复查阅资料，又耽误时间，又费脑子。这时，他就想去减轻毛主席在这些方面的负担，能替爸爸做些事情。

他还告诉我，他想编一本俄汉词典，让毛主席看有关苏联的资料时，可以一查就能清楚明白，这样既方便又省事。

在双清别墅，毛岸青经常跟我说，他想要学开汽车。他说，他学会了开汽车，就可以直接为毛主席开车，就不用别的同志给他爸爸开车了。他说，他如果能给他爸爸开车，要比别人开车方便得多了。因此，在那些日子里，毛岸青每天都要到香山公园的大门外汽车队学开车。一开始，汽车队的同志不知道他学开车的目的，认为他是没有事情做，来他们这里玩来了。司机们在没有出车的情况下，就教他开汽车。后来，我把毛岸青学开汽车的事情，在同毛主席散步时告诉了他。毛主席听了以后，有点不太高兴地对我说："请你告诉周西林同志，以后岸青去汽车队，再不要让他随便开车了，这样影响不好，把汽车弄坏了还得花钱修理。"

毛岸青听到爸爸不让他随便去汽车队学开车以后，倒也很听话，从那以后，他就再没有到过汽车队。

毛岸青也挺喜欢文体活动，水平也不差。他爱弹钢琴，一有时间他就弹钢琴，他弹钢琴，不看曲谱，弹奏得娴熟自然，有一定的艺术修养。有时候，他也到机关俱乐部弹奏钢琴。毛岸青也喜欢打乒乓球，打得既漂亮又有功夫，机关里的同志大都不是他的对手。有时没有人同他打乒乓球，他就常一个人握着拍子朝墙上打。毛岸青也爱好下象棋，棋艺也是比较熟练和稳重的，他不管同谁对弈，总是不慌不忙，沉着应战。凡是同他下过象棋的人，都知道他有一手"拨边炮"的绝活，要是遇到他"拨边炮"，一般人就不是他的对手了。

有一次，毛主席离开双清别墅，到中南海去开会。当时，我留守在双清别墅，可怎么也不会想到，整整一天都过去了，就是没有看见毛岸青回来，我到他宿舍里去找，也没有看见他的影子。一直到天黑了，毛岸青还是没有回来。

毛岸青突然失踪了，这把我们警卫班急得团团转，我们都出动寻找毛岸青，把香山周围都找遍了，他常去的地方也都问过了，可就是连他的影子也找不到。也许他到中南海去了。说不准他到底去了还是没去，我们只好等到第二天再去中南海找他了。

第二天一大早，我便到中南海找毛岸青。来到中南海后，大家都对我说，毛岸青根本就没有来中南海。这可怪了，我一下子慌了，这该怎么办

呢？看家把人给丢了，毛主席知道了该有多么着急呀！实在没有办法了，我只好硬着头皮去见毛主席，把毛岸青一天一夜都没有回来的实情向他报告。

毛主席听了后，不慌不忙地对我说："你不要着急，岸青他不会丢的。岸青在苏联多年，他对苏联的生活习惯了，和苏联的同志感情也很密切。他回来后，不和苏联的人在一起聊天，他觉着很苦闷。他可能是到李立三同志那里去了，李立三同志的爱人是苏联人，他们在一起能谈得来。你就到李立三同志家里去找吧。"

可是，李立三又住在哪里呢？当时我也不知道，我对北平城里的大街小巷当时还不太熟悉。忽然，我想到了统战部，统战部的同志们可能知道。于是，我只好去找统战部的同志，打听李立三究竟住在什么地方。

我要了一辆小车，司机张炳光是个"老北平"，他对北平城里的大街小巷了如指掌，当他听说我要去统战部打听李立三住的地方时，就对我干脆地说："咳，你就坐着车走吧，准把你拉到李立三家里，保证不会错。"

汽车从中南海出来，驶过了东单北大街，又拐向路北的一个叫及格胡同，再拐一个弯，便停在了路北的一个大红漆门前。这时，司机张炳光说："到李立三家里了，你下车去叫门吧。"

我下了车走向红漆大门，按了按大门上的电钮，有人来开了门。我向开门人说明了来意。进院子后，我一眼就看见毛岸青和李立三的爱人，还有两个黄头发的姑娘正在院子里玩呢。

毛岸青这时也看见了我，问："你干什么来了？"

我说："找你来了。"

于是，我和毛岸青一起告别了李立三的爱人和他们的孩子，坐汽车回到了双清别墅。

毛岸青正式参加工作，被分配到中共中央宣传部，他在中宣部从事翻译工作。他到中宣部上班后，部里的领导决定让他在中灶吃饭。当时，我们都还没有工资级别，大家都过着供给制生活，只是吃饭分大、中、小三个灶。毛岸青原来是在大灶吃饭的。到中宣部上班后，部领导让他到中灶吃饭，可是他不同意到中灶吃饭，坚持在大灶吃饭。中宣部的领导同志说服不了毛岸青。于是，就打电话同我们商量，当时接电话的是阎长林排长。

中宣部领导在电话里说毛岸青分配到他们单位工作，经过他们单位的领导研究决定，让毛岸青在中灶吃饭。而毛岸青不同意上中灶吃，坚持要吃大灶饭。现在他们与我们警卫班联系，看我们是否同意让毛岸青上中灶。

阎长林在电话里问他们："你们根据什么条件，让毛岸青吃中灶？"

中宣部的同志在电话里回答说："我们是根据毛岸青同志的工作需要，才决定让他吃中灶的。"

阎长林对他们说："你们根据毛岸青的工作需要，决定让毛岸青吃中灶，我们没有意见，你们单位的事你们决定处理，我们不干涉。可是，如果你们认为毛岸青是毛主席的儿子，特殊照顾他叫他吃中灶，那我们就不能同意，因为毛主席对他的儿子要求很严格，不让他们有任何特殊思想和特殊享受的。"

中宣部的同志听了后，在电话里竟大声说道："我们是根据毛岸青同志的工作需要，因为他是做翻译工作的，很多俄文材料要他翻译成中文，他的脑子是很累的。这样，我们才决定让他吃中灶，而绝不是因为他是毛主席的儿子，才叫他吃中灶的。"

说完，对方"叭"的一声把电话挂了。

（参见武象廷、韩雪景著：《跟随毛泽东纪事》，山西人民出版社 1991 年版）

毛岸青和邵华的秋思

秋风在大地上久久徘徊……落叶使人惆怅，秋风带去思念……

毛泽东给历史留下的，无论是悲壮或是辉煌，无论是成功或是失误，都是人类最溢彩的瞬间。

每年的9月9日，当朝霞刚刚染红人民英雄纪念碑的尖顶，毛岸青和邵华便携儿子毛新宇来到毛泽东安息的地方，向毛泽东的遗体深深地三鞠躬，寄托无限的哀思。

他们也时常翻开那容纳人民心声的留言簿。

一位历史学家写道：伟人之所以伟大，是因为他代表了历史的发展方向，是民族的一面光辉旗帜。

一位普通市民写道：毛主席永远是属于人民的。

毛泽东来自人民，毛泽东属于人民，毛泽东和人民共命运。

毛泽东的故乡——湖南省湘潭市韶山冲，是一个山清水秀的山村。那里的每寸土地，那里的一草一木都留下了毛泽东的足迹，毛泽东的佳话，毛泽东的传奇。

在韶山故居，人们看到的是"毁家兴邦，满门英烈"的一个家庭，为了中国革命的成功，毛泽东家里的六位亲人献出了青春和生命。

毛岸青年轻的妈妈杨开慧，叔叔毛泽民、毛泽覃，姑姑毛泽建，堂弟毛楚雄，还有哥哥毛岸英。

在后山祖坟前，人们看到了碑上的"祭母文"，那是毛泽东心灵深处冰炭难容的忠与孝、私与公……

韶山冲，孕育了一代伟人。

韶山冲，也送走了一代伟人。

毛泽东的音容笑貌，引导我们的回忆走进了中南海。丰泽园里藏书万卷的书房，宁静的办公室，床前的小餐桌，以及在这里听到看到的情景，就像一个镜头一个镜头地展现出来。

1960 年底,毛泽东对工作人员说:"我不吃猪肉和鸡了。猪肉和鸡要出口换机器,我看有米饭、青菜,有油、盐就可以了。我们要和全国人民一起度荒还债。"工作人员考虑到毛泽东日理万机的工作和身体的健康,劝他还是吃点肉好,毛泽东则说:"全国人民都在艰苦奋斗,我要和人民在一起!"工作人员琢磨弄点鱼和其他肉类给他吃,谁知这样一做,毛泽东又有了新的规定:"不吃荤菜了,只吃米饭,青菜,从 1961 年 1 月 1 日开始实行。"看到毛泽东生活如此清淡,工作人员都非常痛心。于是,卫士、秘书、大夫、护士一起向毛泽东说:"主席,您这样下去会把身体搞垮的。党和国家需要您,全国人民需要您啊!"毛泽东却慢慢地说出了自己的心思:"全国人民都是这样,我一个人吃了不舒服啊!"

同样是在困难时期,在远郊上大学的李讷病了。卫士李银桥派人去看,才知道她是饿病的。于是,李银桥就派人送了一包饼干。然而,这件事还是被毛泽东知道了。毛泽东严厉地责问李银桥:"三令五申,为什么还要搞特殊化?"李银桥不敢大声回答,只是小声嘀咕:"别人的家长也有给孩子送东西的……""别人可以送,我的孩子一块饼干也不许送!"毛泽东拍着桌子,"谁叫她是毛泽东的女儿!"

喝韶山泉水吃山上辣椒长大的毛泽东,为了国家和人民夜以继日地工作,有时连一日三餐都会忘记,"奢侈"起来只不过有吃一碗红烧肉的要求,而今连这点要求也被自己取消了。李讷的一包饼干却引来了毛泽东的大怒!为什么?因为毛泽东说,他要和人民在一起!

这就是毛泽东!

这就是毛泽东的人格力量!

毛泽东有着人所共有的、丰富的感情世界。他善良,善良得见不得有人落泪;他倔强,倔强得使人不易理解;他爱动情,常常一场戏剧使他泪流满面,甚至天真得如同孩子一般。

当年,毛泽东在上海干部俱乐部礼堂观看《白蛇传》,他特别欣赏热情勇敢聪明的小青,讨厌那个法海和尚。演出结束后,毛泽东大步向舞台走去,随着全场的掌声热情地鼓掌。他用双手同"青蛇"握手,却没有理

睬那个倒霉的"法海和尚"。

毛泽东晚年看电影《难忘的战斗》，当银幕上出现中国人民解放军进入上海受到群众无比热烈的欢迎时，便问坐在他身边的护士长吴旭君："那欢迎的学生中有你吗？"当小吴点点头，流着眼泪说不出话来的时候，毛泽东再也控制不住自己，失声痛哭，没等电影结束，医护人员赶紧把他搀走了……

卫兵马维回家，带回一个窝窝头，又黑又硬，掺杂着大量粗糙的糠皮。马维说："乡亲们就是吃这个东西。我讲的是实话。"

毛泽东的眉头一下子拧紧了，表情严肃。他用发抖的双手接过窝窝头，费了很大劲才掰开，将一块放到嘴里。他才嚼了几口，眼圈便红了。第一口咽下，毛泽东的泪水哗地流了下来："吃，你们都吃，都要吃一吃。"他一边流泪一边掰窝窝头，分给身边的工作人员。"吃啊，这就是农民的口粮，是种粮人吃的口粮……"他久久思考后仍然带着困惑的表情说："我们是社会主义么，我们的农民还吃这样的窝窝头么，不应该……"过了很久，他又说："要想个办法，必须想个办法，怎么才能加速实现社会主义？"

毛泽东日理万机，却惦念着到河南许昌专区参加整风的秘书林克等同志。毛泽东给他们写了一封信：

……我给你们每人备一包药，请护士长讲一次如何用药法。

落款写着"毛泽东，十二月二十六日"。

后面紧接着是一句附言：

今天生辰，明天我就67岁了，老了，你们大有可为。

1958年6月30日，《人民日报》登载了江西省余江县消灭了血吸虫病的消息。毛泽东看后异常兴奋，竟"浮想联翩，夜不能寐"，"遥望南天，欣然命笔"，将祸害百姓的"瘟君""纸船明烛照天烧"。

晚年，多种疾病折磨着毛泽东，治疗中的痛苦是难以想象的。可是，他从未皱过眉头，更未呻吟过一声，却用幽默的言谈来宽解医务人员的紧张和担忧，总是说："我没有什么感觉，不要紧，慢慢来。"他对于自己的痛苦可以忍受，但在他逝世前一个多月，1976年7月28日传来唐山地震的消息时，同志们读报给他听，他潸然泪下。他为灾区人民的生命财产受到严重损失而悲痛……

许多经历，许多事情，挥挥手，眨眨眼，便沉淀为历史。可毛泽东同人民血肉相连的情感，却永远烙印在我们的生命中，在记忆的长河里始终清澈见底，历历在目。

一年一度，北京西山的红叶真的到雪飘冰封时才飘然飞去。

一年一度，春是韶山溪边的红杜鹃迎着和风一夜间烂漫原野。

红杜鹃就像红叶。

红叶，寄托了秋思！

（参见毛岸青、邵华著：《我们的父亲毛泽东》，中国工人出版社 2014 年版）

"我失杨花"的来历

1957 年，李淑一赠词《菩萨蛮》给毛泽东并索要杨开慧曾对她说过的毛泽东的一首诗。毛泽东抑制不住对杨开慧的真挚感情，写下了壮怀激烈又浪漫优美的名篇《蝶恋花·答李淑一》，把杨开慧比喻为"骄杨"，以缅怀深厚的情谊。

据毛岸青、邵华回忆说："爸爸时刻怀念着每个为革命牺牲的死者。1930 年，妈妈英勇就义后，爸爸曾派人收殓了尸骨，以三个孩子的名义为妈妈立了碑。在《蝶恋花·答李淑一》中，他称妈妈是'骄杨'，寄托了一片深情。他多次向我们谈起妈妈，敬佩她的忠贞和英勇，说妈妈毅然抛下年迈的母亲和三个年幼的孩子，大义凛然地走向刑场，这是常人多么不容易做到的事啊。"

"有一次，我们求爸爸把《蝶恋花·答李淑一》写给我们，以作永久的纪念。爸爸坐到桌前，一边慢慢地蘸着毛笔，一边凝神思索。我们默默地站在桌旁，屏声静气，唯恐扰乱他的思路。良久，只见爸爸轻轻地铺开了宣纸，缓缓地用手抚平，悬起手一提笔写下了'我失杨花'四个字。当时，我们认为是爸爸笔误啊，忍不住问：爸爸，不是'骄杨'吗？爸爸停住了笔，思索了一下，我们赶紧递过一张空白的宣纸，以为爸爸要重写。但爸爸并没有把纸接过去，却缓缓地说：称'杨花'也很贴切。这一语表露了对妈妈的怀念之情、爱慕之心。听到这样的回答，泪水一下子模糊了我们的视线。我们深深体会到称'骄杨'，表达了爸爸对妈妈的赞美；称'杨花'，又表达出爸爸对妈妈的亲近之情。爸爸一气呵成写完了这首词，双手拿起它，郑重地交给了我们。我们激动地把它接过来，轮流捧在手中看着。"

"骄杨"，女子革命而丧其元，焉得不骄？"杨花"，女子革命而捐其春，安不称花？

毛泽东用一首《蝶恋花·答李淑一》追思杨开慧，并为毛岸青和邵华缅怀母亲，提供了一面活生生的为人民牺牲自我的镜子。

（参见孙宝义、邹桂兰等编著：《毛泽东的衍名艺术》，中央文献出版社 2006 年版）

毛岸青回韶山

1983 年 1 月 26 日，毛岸青在妻子邵华、儿子毛新宇的陪伴下，回到故乡——韶山冲。踏上故乡的土地，毛岸青非常激动。他情不自禁想起1977 年春天第一次回来时的情景。

那一年，正是杜鹃花红遍韶山冲的时候。他也是和妻子邵华一起回来的。从韶山冲回去后，他和妻子写了一篇散文《我们爱韶山的红杜鹃》。毛岸青还记得里面的话："我们流连他老人家少年时代游泳的池塘，放过牛、砍过柴的小山，教育全家投身革命的灶屋，耕种过的菜地和稻田，博览群书、探求真理的住房，指点江山、激扬文字的校园。"从那时起，毛岸青就爱上了韶山的红杜鹃。他记得那次家乡的亲友还送过他一盆鲜红的杜鹃花。现在，这盆花比以前长得更美丽了。毛岸青想告诉家乡的亲人，他十分珍爱这份礼物。

毛岸青心情激动。他的身体比以前好多了，红光满面，步伐稳健，不像是一个历经磨难、久病缠身的老人。他来到爸爸的故居——他曾经生活、嬉戏的小屋。他怀念爸爸，怀念妈妈，还有手足情深的毛岸英哥哥。他记得，小时候爸爸妈妈经常不在家，是哥哥陪伴他玩。几十年过去了，弹指一挥间，只有这栋茅屋依然风貌如故！

毛岸青在家乡人民的陪同下，参观纪念馆、滴水洞。纪念馆建成于1964 年，陈列着毛岸青一家六位烈士的遗物和图片。毛岸青见到爸爸、妈妈的照片，忍不住热泪盈眶。他沉默寡言，但他是个感情十分丰富的人。

滴水洞群山环抱，树木葱茏，环境幽雅。毛岸青来到这里凭吊。1966年 6 月，毛泽东曾在这里生活了十天。父亲睡过的床、坐过的石凳还在。毛岸青抚摸着父亲留下的遗物，仿佛觉得父亲并未离他远去。毛岸青挚爱父亲，父亲牵念毛岸青。毛岸青的学习、生活乃至婚姻，父亲都一直关心。父亲去世了，躺在纪念堂的水晶棺里。每年清明和忌辰，他都要带着

全家去看望老人家。父亲仅剩下这一个儿子了。

滴水洞的工作人员打断毛岸青的思路。他们请毛岸青写下点什么作为纪念。毛岸青很高兴。他伫立在父亲生前常坐的办公桌前，思潮滚滚。他写道："让毛泽东思想永放光芒，而搞共产主义。"毛岸青的中文不好，语汇少。有时说话找不到合适的汉语词汇，他就用俄语词汇来表达。他写下题词后，觉得不满意，又用俄文写下相同的祝愿。邵华和毛新宇见毛岸青这么高兴，也在上面工工整整地签下自己的名字。毛岸青的岳母张文秋，已经八十高龄了。她即景生情，写下了一首诗："山外青山楼外楼，韶山风光永存留。暖风吹得亲友醉，主席思想垂千秋。"

毛岸青眷恋着韶山。1984 年 2 月 6 日，他和妻子又回归故里。上屋场始终令毛岸青难以忘怀。每次回故乡，他都是首先看故居，草木依旧，但毛岸青每次来这儿的心境都不同。每次都有新感受。

此时，毛岸青的身体比以前差多了。他眼睛不好，耳朵有些听不清了。有时，头也隐隐作痛。毛岸青由妻子搀扶着来到上屋场。陪同的同志问他："你还记得这儿吗？"毛岸青说："当然记得。"毛岸青熟悉这里，闭上眼睛，都能认路。

毛岸青从故居出来，在后山的晒谷坪休息。对面山上是爷爷奶奶的墓地。陪同的同志问他："你想不想去？"毛岸青大概没有听清楚，摇了摇头。他有点儿累了。这时，有人跟他说："去墓地的路修好了，现在有很多人去参观。"毛岸青听了，马上说："要去，不能不去。"

到墓地必须走一段路，从山脚到墓地还有百来级石阶。邵华和儿子毛新宇小心翼翼地搀扶着毛岸青。毛岸青走走停停，费了九牛二虎之力，终于爬上了山顶。站在爷爷奶奶的墓前，毛岸青沉默良久。他的嘴唇动了动，似乎想说什么。最后，他什么也没说，十分虔诚地对着九泉之下的爷爷、奶奶不停地鞠躬。邵华和毛新宇也跟着鞠躬。毛岸青从墓地回来后，又驱车前往火车站。这里有父亲青年时代的一尊塑像。毛岸青前几次也来过这里。现在，他伫立在苍松翠柏中的父亲塑像前，心情十分激动。毛岸青怀念父亲。他弯下腰去，以鞠躬来表达自己深深的怀念之情。

毛岸青提出到纪念馆去。他不要别人讲解，想一个人静静地参观。在家庭陈列室，毛岸青看到母亲和毛岸英哥哥的照片，泪水像断了线的珠子往下掉。有人问他："你还记得哥哥的事情吗?"毛岸青伤感地说："记得。"

毛岸青走出纪念馆，情绪仍很激动。这里令他眷恋。

毛岸青这次回乡时正值新年。晚饭时，他站起来给大家敬酒。

他激动地说："祝贺大家新年好。"他感谢家乡人民的盛情款待。饭后，毛岸青在卧房里低着头，来回踱步，显得心事重重的样子。第二天，宾馆服务员进毛岸青房间打扫卫生，在毛岸青书桌上发现一张宣纸，上面写着："我酷爱韶山。"

1986年2月，刚过完春节，毛岸青便跟妻子邵华说："我想回韶山拜年。"他已有两年没有回韶山了，他想念家乡。毛岸青岳母张文秋听说女儿女婿准备回韶山，坚持要跟着一起去。她对女儿说："我也快去见马克思了，韶山还去得几次?"2月22日，毛岸青全家回到了韶山冲。

毛岸青回家后的第一件事是去故居和爷爷奶奶墓地。第二天，他在韶山有关领导的陪同下来到滴水洞。上午九时许，毛岸青在韶山的亲朋好友都到了滴水洞。邵华代表全家给大家拜年，她激动地说："我们特地来给大家拜年了。"毛岸青走到毛泽连跟前，握着老人的手，说："祝您身体健康。"毛泽连是毛泽东的堂弟，毛岸青叫他叔叔。毛泽连是他最亲近的长辈了。到滴水洞来看望毛岸青的还有族兄毛继生、毛正南等人。毛岸青与他们一一握手交谈。亲人们欢聚一堂，毛岸青非常高兴。大家互致新年问候，共同追寻往昔旧事。岸青还特意备了些拜年礼物，送给日夜想念的亲人们。

毛新宇是大家谈论最多的。他是毛泽东的血脉，亲人们十分疼爱他。毛泽连拉住毛新宇的手，左右端详。

毛岸青岳母张文秋见到此情此景，不免感慨万千。她写诗道：

元宵佳节团圆日，重赴韶山探亲人。

参观故居激壮志，主席教育感念深。

党政同志热情甚，照顾周到费精神。

如此深情和厚谊，令人难舍又难分。

邵华也激动地写道：

　　　　元宵佳节故园行，重返韶山探乡邻。

　　　　团聚一堂叙深情，滴水洞中探亲人。

　　毛岸青晚年赋闲在家，每天看看书，下下棋，怡然自乐。有时身体好转，便到外地旅游观光。1987年11月，毛岸青由妻子邵华陪同到江西旅游。他们在庐山盘桓几日，饱览了庐山风光胜景，随后来到井冈山。在井冈山，毛岸青见到了堂弟贺麓成，他是毛岸青小叔毛泽覃与贺怡的儿子。11月3日，兄弟俩结伴来到韶山冲。

　　在故居参观时，毛岸青对贺麓成说："我长沙的家门口也有两口水塘，那地方叫作清水塘。"他还谈了爸爸、妈妈在清水塘生活时的情景。

　　兄弟俩走进旧居的碓屋，毛岸青说："我也舂过米，没有搞好。"在毛泽覃的卧室里，贺麓成凝视着父亲年轻英俊的相片。毛岸青看见他这样，神情很是悲伤。走到猪栏门口时，有人问毛岸青喂过猪没有，毛岸青回答说："没有喂过，只见过。"逗得大家都笑了起来。

　　在滴水洞，陪同的同志指着一张照片对毛岸青说，这是你全家1984年来时照的。毛岸青凑过去，非常认真地察看，并将照片里的邵华、毛新宇一一指给贺麓成夫妇看。毛岸青还记得这张照片是在哪儿照的。大家都为毛岸青的记忆力叫好。

　　毛岸青一行人在滴水洞吃晚饭。饭前，大家坐在一起愉快地聊天。有人跟毛岸青开玩笑说："岸青同志，今天是到了你家里，你应该请客呢！"毛岸青听了，巧妙地回答说："我请不得呢，我没有钱。"说完，转过头去望着妻子。邵华见了，娇嗔地搡了丈夫一把。大家都被这夫妻俩逗得大笑起来。

　　第二天，毛岸青一行人就要离开韶山了，他们依依不舍。乡亲们有些难过。毛岸青见了，对大家说："这里是我的家乡，我会年年都来。"

　　毛岸青的车开走了，乡亲们还在向他招手。顿时，泪花蒙住了毛岸青的双眼……

　　在这里毛岸青重温了父亲革命的一生，和他对父亲的深深眷恋。

　　（参见刘建国、杨建乔等著：《韶山的昨天与今天》，湖南文艺出版社1993年版）

刘思齐 篇

1937 年我年仅 4 岁时就来到了主席身边。虽然时光已流逝 55 年，但当时在主席身旁牙牙学语、依依膝下的情景至今仍朦胧地留在我的记忆深处。从此以后，我无时无刻不在感受着他老人家对我那颗慈父的爱心。几十年里，尽管历经坎坷，然而我始终对生活充满信心，充满希望。

记得 10 岁时，在新疆我和母亲一起被反动军阀盛世才投入监狱，在党组织的大力营救下，4 年后我的一家人与同狱的其他同志们才得以重返延安。是老区的小米、党的关怀及主席的教诲使我长大成人，又与岸英从相识到成婚。"贫穷"的主席把自己唯一拿得出手的一件大衣赠予我们以表达自己的心意；两桌水酒请来朱总司令、周恩来、刘少奇等革命前辈，向我九死一生的母亲和我们一对新人祝贺。岂料朝鲜战起，岸英牺牲。主席痛失爱子，我也成了 20 岁的未亡人。其后多年与主席相处，无论承欢膝下，或书信往来，老人一直视我为己出，唤我为"娃""亲爱的大女儿"，信后总是亲切地落款"爸爸""父亲"。

记得 1959 年的一个夏日，爸爸在他的卧室与我谈人生时，说道"七十三、八十四"，当时我还不知此典出于孔子活了 73 岁，孟子活了 84 岁，不禁一怔。爸爸笑着说："阎王不叫自己去。死亡是自然规律，没有什么可怕的。"我猛然意识到最关心我的爸爸最终会撒手尘寰离我而去，不禁潸然泪下。

在爸爸的关怀下，我读书、留学，以后老人家亲自操心，督促我又成了家。"文化大革命"期间我和丈夫双双下狱，罪名是"反对江青的现行反革命。"爸爸得知后气愤地写下"娃娃们无罪"，我夫妻才得以重见天日。

老人家当年曾对我说："我死之后，你要是想念我，就到我的坟上来看看。"十几年来，我多少次徘徊在天安门广场上，望着巍峨的纪念堂，心潮澎湃，感到我的心还在与爸爸对话。几十年来，我作为一个普通劳动妇女，尝尽了人生的苦辣酸甜。如今，我已鬓发花白，但回首一生，聊可告慰爸爸的是，我觉得自己活得还算真实。因为我记住了当年洒泪而别时，爸爸曾抚肩慰我："你永远是我的大女儿。"

如今爸爸已经走了整整 16 年了。在这百年诞辰之际，承蒙北京、天津、湖北、湖南、广东以及我家乡山东的朋友们，特别是曾在老人家身边工作过的老同志，一起著文，通力合作，与中国书店出版了这套《东方红丛书》，作为纪念。

刘思齐
写在毛泽东诞辰 100 周年前
1992 年 8 月 30 日

刘思齐成了毛主席干女儿

刘思齐的生父刘谦初,早年毕业于燕京大学,后又就读于第一期黄埔军校。20世纪30年代曾任中共山东省委书记,1931年4月5日被山东军阀韩复榘杀害,年仅34岁。刘谦初就义前,妻子张文秋哽咽说:"谦初,你给未出世的孩子起个名字吧!"

"不管你们流落到哪里,要思念齐鲁,思念故土。起个'思齐'吧。"

刘思齐出生后,从未见到自己的亲生父亲。小时候,刘思齐看到别的小朋友经常依偎在爸爸的怀抱里,羡慕得不得了,就常常问妈妈:"怎么人家都有爸爸,我的爸爸呢?"妈妈总是强忍着悲痛说:"你的爸爸出远门做生意了,要很久很久才能回来。"对亲生父亲刘谦初,刘思齐的记忆里一片模糊。但父亲刘谦初给了刘思齐一个完整的生命和成长的环境。

1937年,6岁的刘思齐终于盼回了自己的爸爸。有一天,妈妈告诉思齐:"你爸爸回来了。"

刘思齐高兴极了,她终于能和其他小朋友一样有爱她疼她的爸爸了。可回家一看,爸爸是个瘦削的中年人,只有一条腿。其实,她并不知道,这并不是她的亲生父亲,而是她的继父陈振亚,但继父对她却比亲生女儿还疼爱。

1939年8月,党中央、中央军委决定让陈振亚去苏联安装假肢并批准张文秋携带孩子一同前往。

1939年12月,刘思齐跟着爸爸、妈妈登上飞往苏联的飞机,途经迪化时,被新疆当局无理扣留在三角地机场。陈振亚据理力争,几经交涉,才把他们送至中共驻新疆八路军办事处(对外称第三招待所)。这样,刘思齐和爸爸、妈妈、妹妹只好逗留迪化,等待去苏联的机会。

但不仅他们一家没去成苏联,陈振亚也不幸牺牲了。

刘思齐和妈妈张文秋尚未从丧父丧夫的悲痛中解脱出来,又陷入新的灾难。

由于形势突变，新疆盛世才方面也撕下伪装，破坏抗日的革命统一战线。一时间，新疆处于血雨腥风之中。中共驻新疆代表陈潭秋及一批党的优秀干部毛泽民、林基路等相继被捕入狱。刘思齐一家也未能逃脱厄运。1943年4月，10岁的刘思齐与妈妈、两个妹妹，还有五十多名中共的妇、幼、病、残人员统统被关进临时监狱。1944年10月底，她们被转移囚禁在位于迪化城东南的第四监狱，也称女监。

1945年2月的一天，刘思齐和妹妹邵华发现有个"黑狗"窜进2号牢房，说要释放那几个新疆籍的阿姨，就赶紧把这个情况告诉了大人们。果然，这是敌人在耍花招，想在共产党内部搞分化瓦解。牢房里冲进二十多个敌人，他们把站在最前面的妈妈和十几个阿姨拖了出去。刘思齐和其他孩子们拼命地哭喊，有的抱住敌人的腿，有的死死拽住敌人的衣服，也有的抢起拳头不停地往敌人脸上、身上砸……

为了营救妈妈和阿姨们，刘思齐联合其他小朋友们，学着阿姨们的样子开始绝食、示威，又来到看守所长处请愿。敌人无奈，只好把刘思齐的妈妈和阿姨们放了回来。

中共中央始终没有忘记被关押在新疆的革命同志，多次与国民政府交涉，营救被关押的同志。在周恩来、邓颖超等人的不懈努力下，中共人员及其家属131人被释放。

1946年6月10日，对刘思齐来说，是个难忘的日子，要回家了，就要回到那日日夜夜思念的延安了……此时此刻的刘思齐，归心似箭的心情无法用语言表达。刘思齐和妈妈、两个妹妹及叔叔、阿姨、小朋友们分别乘10辆大卡车启程，历经一个月，于7月11日到达延安。

狱中四年，刘思齐学到了不少文化知识，也懂得了一些简单的革命道理。她渐渐长大了，成熟了。

回到延安，回到党和人民的怀抱后，年轻的刘思齐兴奋不已，她如饥似渴地学习文化知识，学习革命理论。在革命队伍中，她变得成熟起来，并与毛泽东的长子毛岸英相恋。

在认识毛岸英以前，刘思齐早就成了毛主席的干女儿。

刘思齐第一次见毛泽东是在她6岁那年。有一天，思齐在台上演完戏，

一个身材魁梧、操湖南口音的人走过来，摸着刘思齐的头说："小姑娘，我做你的爸爸，你做我的女儿怎么样？"6 岁的小思齐歪着头很认真地想了想说："好吧。"这个操湖南口音的人就是毛泽东。从此，刘思齐就成了毛泽东干女儿。

作为革命后代，刘思齐于 1937 年就随母亲来到延安，来到了毛主席的身边，在她还没有出生的时候，父母就和毛泽东、杨开慧有过来往。因此，她得到毛主席特别的关心和爱护。后来，又做了主席的大儿媳。毛岸英牺牲后，毛泽东把她当作自己的大女儿，很长一段时间仍生活在毛主席身边。毛主席就像一个慈祥的父亲，关怀她、教育她、引导她。

刘思齐说，作为一个改变了中国面貌的伟大历史人物，毛泽东的业绩和思想是不可磨灭的。对于毛泽东的宣传和研究，真正的动力来自亿万人民的力量。这是全国人民的心愿。现在有关毛泽东的书在社会上很受欢迎，热度不减，经久不衰，正反映了毛泽东在广大人民心目中的地位。

（参见蒋建农著：《毛泽东传》，红旗出版社 2009 年版）

毛泽东疼爱儿媳兼女儿刘思齐

从 1941 年开始，陈振亚和毛泽民等中共同志被盛世才陆续杀害。张文秋和刘思齐被关进监狱长达四年之久，直到 1946 年夏才返回延安。到延安的第二天上午，毛泽东看望了从新疆归来的全体同志。他和每个人，无论是大人还是小孩，都一一握手，连连说："同志们，辛苦了！同志们，辛苦了！"他一下子就认出了张文秋，停住脚步说："你回来了，好不容易呀！思齐呢？怎么没有见到她？"张文秋把站到身后的思齐拉到毛泽东跟前，要她问好。毛泽东拉着刘思齐的手高兴地说："七八年不见面，长成大人了，我都认不出来啦！你还是我的干女儿呢，记得吗？"刘思齐点点头："记得，记得，我们常想起你呢。"

两次见到毛泽东，都给她留下美好的回忆。事隔几十年，刘思齐撰文写道："1937 年我在延安第一次见到了主席，但可惜的是那时我的年龄太小了，只是在朦胧的记忆中留下了一个和蔼可亲的伯伯的形象。他轻言细语，笑容可掬。"

第二次见到毛泽东，在刘思齐心中留下了深刻的印象。她说："这次看望是与阳光、自由、欢乐融合在一起的。四年的狱中生活，使我生疏了阳光、隔绝了自由和欢乐。我像在久旱的沙漠里突然遇见了甘甜的雨露，贪婪地吸吮着。我忘情地享受着这久别的阳光，难得的自由，和对我来说是梦幻般的欢乐。"

返回延安后，刘思齐有机会到义父家去探望。她和刚回国半年的毛岸英相识了。这时毛岸英 24 岁，刘思齐也已是 16 岁楚楚动人的少女。他们的童年和少年，颠沛流离，受尽苦楚，有着极为相似的经历。苦难的磨炼，又使他们都具有早熟、深沉、坚毅的特点。这些性格上的共同点，又兼两家的密切关系，使他们很快接近，由接近到相互理解，由相互理解到互生爱慕，两颗具有共同理想的心紧紧地联系在一起。

毛泽东也乐意玉成此事。为了创造他们加深了解的机会，毛泽东不断邀请干女儿到家里来玩，心心相印的一对青年男女进入热恋阶段。

1947年3月，胡宗南率20万大军进犯延安。刘思齐随部队撤离，渡过黄河到山西，毛岸英则跟随父亲转战陕北，一对热恋中的青年，被战争拆散。直到1948年夏，他们才重逢于河北省的西柏坡。

1949年3月，他们随中央进入北平，刘思齐转到北京师范大学附属女子中学就读。

1949年10月15日，毛岸英和刘思齐结为夫妻。婚后，刘思齐继续上学。

1950年，毛岸英要求去炮火连天的朝鲜战场，新婚不久的夫妻就要分别。某日傍晚时，毛岸英匆匆赶到北京医院看望因阑尾割除手术住院的爱人。

毛岸英怕刘思齐为自己上前线担心，没有告诉她去朝鲜的事，只是说要去一个很远的地方出差，叮咛她要照顾好父亲和毛岸青，就像一位兄长在嘱咐妹妹一样。

而这竟成为他俩的最后一次见面。望着心爱的丈夫离去的背影，年仅20岁的刘思齐做梦也想不到，从此她再也见不到丈夫了。

"妈妈，我要出国，来向您告辞。"毛岸英对岳母是无话不说的。

"多保重，早些回来。"

"是，弟弟岸青一直是我照顾。我走了，就只好托付给您了。"

"你放心，我会照顾他。"

毛岸英向岳母鞠了一躬："您没有儿子，我和岸青没有妈妈，我兄弟俩就是您的儿子。"

临别时，毛岸英忽然说："妈妈，我那块手表不顶用了，您那块自动表，借给我用吧，将来回国再还给您。"

张文秋的这块表，是朋友赠送的。她舍不得用，一直珍藏着。

张文秋拿出表，深情地说："那我就送给你吧，哪有女婿借丈母娘的表需还之理，这就算我这个妈妈送给你的纪念物。"

毛岸英的不幸牺牲，沉重地打击了毛泽东。他是一位领袖，也是一位感情极丰富的父亲。噩耗传来时，他久久地沉默着，一支接一支地抽着烟。

在很长一段时间里，毛泽东独自承受着丧子的巨大悲痛，他还担心新婚仅一年的儿媳承受不了如此残酷的打击。毛泽东将这万分不幸的消息隐瞒着，以便刘思齐安心学习。

然而，儿媳刘思齐每周的看望对毛泽东则是一场感情上的无尽煎熬。刘思齐每次来，都要问爸爸收到岸英的信没有，岸英为何几个月不来信？毛泽东总是装作若无其事的样子安慰她。

所以，对于丈夫的牺牲，开始刘思齐一无所知，她依旧在中学念书，忙于自己的功课。她依旧每周必去看望爸爸，并按毛岸英的嘱托尽量照顾毛岸青。她还深深地为自己的甜美幸福而欢快。只是，新婚仅一年丈夫就远离，她不禁常常惹动情丝，一遍又一遍地回味丈夫临别时对她说的话："我明天将要到一个很远很远的地方出差，所以急急忙忙赶来告诉你。我走了，通信不方便，如果你没有接到信，可别着急呀！"她信任毛岸英，他在很远很远的地方正忙于自己的工作，不便给她写信。不过，这时刘思齐已经知道毛岸英去朝鲜作战，在志愿军总部搞翻译工作，但不知有什么特殊使命，或许保密性较强，她不能多问。她从战争年代走过来，父母都是做过地下工作的老革命，不该知道的不问，这一点她懂。

然而，她有时也暗暗奇怪，何以一连三年，毛岸英竟没有片语只言寄来？那么多的指战员都回国探望，毛岸英怎么一次也不回来？保密性再强，难道一封问安的信也不能写吗？从朝鲜战场上归来的老首长、战斗英雄，见了她以后都特别客气，又相当谨慎。有一次开英模代表大会，她遇见一些战斗英雄，这些英雄像是怕她似的，谈了几句话，就赶快躲开了。

刘思齐着实疑惑。她也作过不幸的推测，但那太可怕了，她不相信自己的命运如此不济，所以又赶紧赶走可怕的猜想。但时间一天天过去，朝鲜停战协定也已签署，毛岸英怎么还不回来？她越来越有些坐卧不安了。

岁月无情，毛泽东作为公公，不能也不愿一直扮演世界上最难的角色。到了1953年，他终于向刘思齐讲了实情。

为了使刘思齐能承受住这突如其来的巨大打击，毛泽东颇费苦心。他先谈到为革命牺牲了的亲人：杨开慧、毛泽民、毛泽覃、毛泽建、毛楚

雄，还有韶山党支部的毛福轩……刘思齐越听越不对劲。朝鲜战争已经结束，毛岸英为何还不回来？难道他……她不敢想下去了，反而安慰起年迈的公公。这天，她离开中南海时心慌意乱。

一周以后，刘思齐又一次来到中南海，这次周恩来也在场。毛泽东亲自把岸英牺牲的消息告诉了她。她痛不欲生，哭了许久，毛泽东强忍悲痛木然地坐着，脸色苍白，心潮翻滚。周恩来也难过地忙碌着，他一面安慰刘思齐，一面还要照料毛泽东。他触到毛泽东冷冰冰的手，心里一惊，急忙对刘思齐耳语："思齐，你要节哀，你爸爸的手都冰凉啦！"刘思齐一愣，转而又哭着去安慰毛泽东……

毛岸英的牺牲对刘思齐刺激太大了。她寝食难安，神经衰弱。为了不引起毛泽东的悲痛，她只有躲在屋里饮泣。可是在饭桌上，她那哭得又红又肿的眼睛却被毛泽东看见了。毛泽东提筷沉思，长叹一声，放下筷子，粒米未进，起身慢慢地离开了饭厅。

从此，刘思齐只有把哀伤压在心底，把眼泪咽到肚里。毛泽东当然知道她的心意，看着她日渐消瘦憔悴，他像是在安慰儿媳，又像是在安慰自己，不止一次地说："战争嘛，总是要死人的。不能因为岸英是我的孩子，就不应该为中朝人民而牺牲。"自从毛岸英牺牲的消息公开后，毛泽东就对她说："今后，你就是我的大女儿。"

从那时起，毛泽东格外疼爱她，时常亲自过问她的衣食住行；在信中，总是称她为"亲爱的思齐儿"。

1954年，刘思齐高中毕业，这时她已24岁。为了进一步深造，更主要是为了让她换一个环境，以免触景生情，走出往日生活的阴影，减轻内心的痛苦，毛泽东让她去莫斯科大学数力系深造。出国前夕，刘思齐患了重感冒，病中她给爸爸去了一信，表示了学成为国效力的决心，希望能见一见爸爸。毛泽东写信要她好生休养，恢复体力，以利出国。并说最要紧的是争一口气，学成为国效力。于是，毛泽东给刘思齐写了一封信：

思齐儿：

信收到。患重感冒，好生休养，恢复体力，以利出国。如今日好些，望来此一看；否则不要来。最要紧是争一口气，学成为国效力。

　　祝好！

父字

一九五五年八月六日

　　1955 年 9 月至 1957 年 9 月，刘思齐在苏联莫斯科大学数力系学习。远隔万里的毛泽东对她的成长仍然十分关注，不断有书信寄往。

　　1956 年 2 月 14 日，毛泽东又给刘思齐写信：

亲爱的思齐儿：

　　给我的信都收到了，很高兴。希望你注意身体，不使生病，好好学习。我们都好，勿以为念。国内社会主义高涨，你那里有国内报纸否？应当找到报纸，看些国内消息，不要和国内情况太隔绝了。

　　祝好！

得胜

一九五六年二月十四日

　　远在异国他乡，刘思齐不断写信给毛泽东，她思念爸爸，也深知失去爱子的父亲需要安慰，毛泽东也想念、疼爱不幸的女儿。这是毛泽东于刘思齐在莫斯科大学第一学期结束时写给她的信，表现了一位慈父对于女儿的爱护和期望。

　　由于身体欠佳，异国独处，学习吃力，刘思齐不断生病，同时还要跟上俄语授课，刘思齐感到异常的困难。1957 年暑假，刘思齐回国向毛泽东汇报了自己的情况，要求转学到国内的大学。

　　毛泽东理解女儿的难处，很快回了信，同意她转学。

思齐儿：

　　信收到。回来了，很高兴。转学事是好的，自己做主，向组织申请，得允即可。如不得允，仍去苏联，改学文科，时间长一点也不要紧。不论

怎样，都要自己做主，不要用家长的名义去申请，注意为盼。

祝你进步。

父亲

八月四日

毛泽东这封信是以"父亲"落款的。这封信，毛泽东写得有原则，有感情，既提出自己的意见，又鼓励孩子处世独立自主，提醒她不要"用家长的名义去申请"转学。"家长"二字，充分反映了毛泽东疼爱女儿之心。接到毛泽东的信，刘思齐开始办理转学手续。

但这时有人讥笑她，说她没有读好书，从国内读到国外，又从国外读回国内，没出息。因此，刘思齐深感苦恼，很快就病倒了。她给毛泽东写信，反映了人们的讥笑和自己的苦恼。毛泽东当即回信，帮助她克服犹豫不决的态度。

思齐儿：

信收到。我在此间有事，又病，不要来。你应当遵照医生、党支部、大使馆的意见，下决心在国内转学文科。一切浮言讥笑，不要管它。全部精力，应当集中在转学后几年的功课上，学成为国服务。

此嘱

父亲

八月九日

收到毛泽东的来信，刘思齐坚定了转学回国的决心。在毛泽东的支持下，她在暑假办了转学手续，于当年10月进入北京大学俄文系学习。

这两信，时间仅间隔5天。按理，这些话都是可以当面说的，但这里偏偏都是书信往来。这其中必有原因。

原来，事情出在江青身上。

江青是毛岸英的继母，毛岸英本来很尊重她，尽管她只比毛岸英大8岁。毛岸英从苏联回国后的一段日子里，他对这位继母是很礼敬也很亲近的。

1957 年暑假，刘思齐刚从苏联回国，江青就派人收走了她出入中南海的特别通行证，还放出话来："刘思齐不是我们家的人！"

因此，刘思齐进不了中南海。这样自 1957 年以后，父女俩只有书信往来了。

虽然如此，毛泽东对刘思齐仍像对自己的亲生女儿一样，给予无微不至的关怀，经常询问她的情况。

1959 年，刘思齐生了一场大病。毛泽东得知后，在庐山会议期间，千里迢迢寄来一封信。

娃：

你身体是不是好些了？妹妹考了学校没有？我还算好，比在北京时好些。登高壮观天地间，大江茫茫去不返。黄云万里动风色，白波九道流雪山。这是李白的几句诗，你愁闷时可以看点古典文学，可起消愁破闷的作用。久不见甚念。

爸爸
八月六日

毛泽东在这封信里摘录了唐朝诗人李白的《庐山谣寄卢侍御虚舟》一诗给刘思齐，以安慰她病中的情绪。

此时刘思齐正在北大俄文系学习。毛泽东劝慰思齐，"愁闷时可以看点古典文学"以"消愁破闷"。

刘思奇的身体状况一直让毛泽东挂牵。作为父亲，毛泽东深知刘思齐身体变化是因为心情欠佳，因而在关心她的身体状况时，也尽量从心理上给女儿以鼓励和支持。

从庐山回来以后，毛泽东得知刘思齐不时地受江青恶气的情况，便以十分关切的语气给刘思齐写了一封信，鼓励她立雄心壮志，争"一口气"：

思齐儿：

　　不知道你的情形如何，身体有更大的起色没有，极为挂念，要立雄心壮志，注意政治、理论。要争一口气，为死者，为父亲，为人民，也为那些轻视、仇视的人们争这一口气。我好，只是念你。

　　祝你

　　平安

父字

一月十五日

　　信里，"极为挂念"四字，表现了毛泽东对女儿无微不至的关怀。父亲十分体谅女儿的难处，从支持刘思齐出国留学，到同意她转学回国，又鼓励她不要为误解、嘲笑而动摇悲观，处处体现了一位慈父对女儿的爱心。但江青却对刘思齐时而冷言冷语，时而轻蔑排斥。毛泽东不满于江青的劣态，一再勉励女儿"要争一口气"，为死去的生父和丈夫，为毛泽东本人，也为轻视、仇视她的江青"争这一口气"。怎么争气呢？毛泽东勉励她"要立雄心壮志"，战胜病魔，早日投入为国效力的行列。毛泽东写此信时，距刘思齐大学毕业只有半年。信末"只是念你"，再次体现了对女儿的无微不至的关怀。短短百余字的家书，两次提到"挂念""念你"，这在毛泽东的信件中是极少见的。父亲的殷切期望和亲切关怀鼓舞着她，刘思齐以顽强的毅力与衰弱多病的身体支持着，抗争着，终于完成了学业。1961 年秋天，她被分配到解放军工程兵的科研部门从事翻译工作。

（参见潘相陈编著：《毛泽东家书钩沉》，中共中央党校出版社 1997 年版）

对联中引出的故事

1949 年 11 月 13 日是周末，毛泽东和家人共度良宵。刘思齐给毛泽东沏了一杯茶，毛泽东喝了口茶，跟她讲了一个故事。古时候有两个秀才，一个姓刘，一个姓李，两个人都喜欢做对联，一见面就想对对子。一次，两人又见面了，商定对对子，谁对不出谁就要受罚。李秀才先出上联："骑青牛，过函谷，老子姓李。"刘秀才知道李秀才用了老子李聃骑青牛过函谷的典故，心想："他想占我的便宜，没门！看我非损他一下不可！"于是他略加思索，对了下联："斩白蛇，兴汉室，高祖是刘。"刘秀才以汉高祖刘邦自比，来对"老子"，高过李秀才一等。李秀才不得不服了，连说："高明！高明！你赢了，我服输！"

刘思齐觉得这个故事很有趣，称赞道："爸爸，那个刘秀才真有学问！"

"思齐呀，那个刘秀才是你的祖先，他崇拜汉高祖刘邦。那个李秀才也可算是我的本家，因为我在延安时曾化名李德胜，但我不信老子李聃学说，他提倡出世思想，清静无为。"毛泽东对刘思齐说，"你说得对，人家多有学问，对历史掌故如此熟悉，能运用到实际生活中来，并且一用就活，一下把人家给吓倒了。这就是知识的力量！"

刘思齐和姊妹们听得很认真。

毛泽东又对孩子们说："知识一旦灵活运用，就可以变成武器，用来保卫自己，所以，你们要努力学习，积累丰富的知识。尤其是要学好历史和古典文学。"接着，毛泽东又把学习历史同治国联系起来。他说："刘邦出身贫苦，没有多少兵力，没有万贯家财，却能称霸一方，统一天下，并且使汉朝长治久安。其原因主要是他善于用人。他手下两个重要的谋士，一个是张良，另一个是韩信。刘邦的对手楚霸王项羽却是个孤家寡人。当初，他的势力比刘邦大，拥有庞大的军队，统治着楚国这块富庶之地，兵

强马壮不可一世。但他有勇无谋，刚愎自用，不听谋士的进言，鸿门宴放走了刘邦。当然，项羽心肠好。鸿门宴项庄舞剑，意在沛公，项羽却不肯杀刘邦。刘邦说了几句好话，他就心软了。范增向他进言，他却不杀刘邦，而把刘邦放了，等于放虎归山。项羽没有理睬他的话，结果被范增言中。刘邦逃走后，势力不断扩大，与项羽争雄，结果打败了项羽。项羽被围在垓下，只得别姬自刎。项羽不善用人，不善招贤纳士。韩信去拜访项羽，项羽却看不起韩信，结果韩信却为刘邦所用，为建立汉朝立下了汗马功劳。"

毛泽东把历史掌故引到现实生活中来，他说："殷鉴不远。前车之覆，后车之鉴。我们要记取项羽的教训，切不可骄傲自满，对敌人更不要心慈手软。'宜将剩勇追穷寇，不可沽名学霸王。'现在新中国刚刚成立，百废待兴，蒋介石逃到了台湾，还想要反攻大陆。我们一定要解放台湾，将革命进行到底！"毛泽东停了停，又说："刘邦的治国之道，任人唯贤，广纳贤才，治理好国家，实现长治久安，也是值得我们借鉴的。"

毛泽东的故事说完了，道理也讲得清清楚楚。孩子们终于带着收获满意地走了。

（参见赵志超著：《毛泽东一家人——从韶山到中南海》（上、下册），中央文献出版社 2000 年版）

刘思齐不能了断的思念

2006 年 5 月 12 日，毛泽东的长子毛岸英牺牲的第 56 个年头，朝鲜的大榆洞迎来了一位客人，她就是毛岸英生前的妻子刘思齐。

1950 年 11 月 25 日，毛岸英在朝鲜牺牲，时年 28 岁。这一年，毛岸英的妻子刘思齐 20 岁。这一天，距中国人民志愿军入朝仅一个月。毛岸英牺牲的地方位于朝鲜平安北道东仓郡大榆洞。

刘思齐此次来访，是她第五次来到朝鲜，前四次都是去往桧仓祭拜毛岸英烈士墓。对于年过古稀的刘思齐来说，亲自前往大榆洞，寻访毛岸英烈士的牺牲地，成为她半个多世纪以来最大的未竟心愿。

12 日上午 11 点 10 分，刘思齐一行经过约 3 个半小时的长途颠簸，抵达大榆洞。5 月的大榆洞在翠绿群山的掩映下，宁静而安详，遍地苍松翠柏高大挺拔……

大榆洞是当时志愿军总部所在地。地下指挥所原是日本占领朝鲜期间留下的一个矿洞。在洞口前，讲解员金英姬向刘思齐介绍说，1950 年 11 月 22 日，彭德怀司令员进驻此地。但从头一天开始，敌人似乎就发现了此地为人民志愿军首脑机关所在地，附近连续出现侦察机，第二天敌机开始进行猛烈轰炸。听到此处，刘思齐说道："当中央得知这一情况后，曾几次专门致电要求司令部注意隐蔽，保证安全。为说服不愿进防空洞的彭总，参谋人员还特意将作战地图拿进隐蔽部，才将本不愿进洞的彭总拉进防空洞。"

在朝鲜陪同人员微弱的电筒光的照射下，刘思齐沿着洞口用于运输矿石的窄轨往深处走。狭窄的矿洞中，头顶上方就是伸手可及的岩石，周围阴冷潮湿。往里走过约 30 米，在矿洞的左边，一丝微弱的阳光让隧道明亮起来，原来这是矿井中另外一个向外运送矿石的斜井，井内绞盘、小车还保持着当年的模样，现在静静地躺在那里，成为那段艰苦卓绝岁月的

见证。

往前再走 50 米左右，矿洞的尽头是彭德怀使用过的 4 号洞。不到 8 平方米的面积，摆放着 3 张木桌和 5 把椅子，由木板钉成的墙壁上，挂着毛泽东主席和金日成主席的画像。作为当年彭总在地下掩体的临时指挥所，屋内设施都是依照当年的布局摆放的。

走出地下指挥所，刘思齐一行走上防空洞左边的一个小山坡，这里当时就是志愿军司令部作战室所在地，1950 年 11 月 25 日的那次轰炸将地面上的建筑全部付之一炬，现在的建筑都是后来重建的。在这间朴实无华的房子里，摆放着长桌和条凳，长桌上有一部老式电话机和一幅军用地图，地图的名称为"价川以南战役要图"。

站在地图前，刘思齐沉默不语良久。这里曾经是毛岸英工作、生活的地方，作为机要参谋和彭德怀的俄语翻译，年轻的毛岸英或许就在这幅地图前奋笔疾书，辛勤工作。当年毛岸英离开病榻上的刘思齐时，没有告诉她奔赴朝鲜战场的消息。谁知这一去竟是永别，直到 3 年后刘思齐才知道毛岸英牺牲的消息，12 年后才第一次奔赴朝鲜祭拜毛岸英烈士墓。

走出作战室后，刘思齐开始不断询问当地向导和中国驻朝鲜武官杨锡联少将。从她与陪同人员的对话可以感觉到，尽管这是她第一次来到大榆洞，但对这里的情况却似乎非常熟悉。

刘思齐说："这里是我魂牵梦绕的地方，我问过许多曾经经历过这场轰炸的人，希望通过他们的描述，尽可能还原当时发生的一切。我要多看一看这里的实地情况，希望能找到毛岸英牺牲的具体地点。"

"为躲避空袭，当年这里挖了一些个人用的猫耳洞，空袭来的时候，毛岸英已经跑了出来。"一边走一边说。11 月 25 日那天空袭来得非常隐蔽和突然，美机没有做惯常的俯冲动作，在飞过总部上空后，突然又返回到总部上空投下燃烧弹。正在地面作战室内工作的毛岸英听到警报后，立即冲出房间朝猫耳洞跑，但就在他离洞口还剩三分之一的路程时，燃烧弹落在旁边，上千度的烈焰吞没了他。"要是找到那个猫耳洞，说不定就能确定他倒在哪里。"

听到这里，随行的中朝所有陪同人员都开始努力寻找那些回忆中的猫耳洞。就在此时，中国驻朝武官助理刘中彬在前面一个小山坡上喊道："这里有一个小防空洞，会不会是这里？"

大家都加快了脚步走了上去。这个猫耳洞位于作战室对面的小山坡上，恰好毗邻彭德怀曾经使用过的休息室，从作战室跑到洞口大约有100多米。洞的上方是一条小路，洞口由水泥材料构筑而成，大半已被黄土掩盖了起来，只剩下一点月牙形部分还露在外面。杨锡联少将开始仔细观察洞口及周边地形，并不时与朝鲜方面人员小声商议。

过了一会儿，大家得出结论，认为这个猫耳洞应该不是当时的防空掩体。首先，该洞位于山坡上且离作战室较远，相比之下，地下指挥所洞口距离要近很多，紧急情况下人应该向更近的防空洞隐蔽。其次，该洞由水泥材料构筑而成，当时志愿军司令部地址刚刚确定下来，不可能有水泥构筑的猫耳洞。而且该洞上面仅有一层薄薄的泥土覆盖，强度很差，起不到防空的作用。而朝鲜军方人员也认为，这个洞很有可能是原来的日本矿主留下来的。

听到这个结论，刘思齐的脸上显现出失望的神情，她是多么希望这就是毛岸英当年奔向的那个猫耳洞啊！要在短短的一个多小时内，找到56年前的猫耳洞，实在太困难了。半个多世纪的风霜岁月让这里的地貌发生了很大变化，仅凭只言片语和推断，要想确定半个世纪前毛岸英烈士的准确牺牲地点无异于大海捞针。但刘思齐这位76岁的老人还是在众人搀扶之下走上山坡进入坑道，仔仔细细地观察，希望能找到哪怕一点点有关毛岸英牺牲时的蛛丝马迹。

最后，经中朝双方人员的一致努力并获得刘思齐同意后，毛岸英烈士牺牲的大致地点被确定在志愿军司令部作战室旧址前一片松林下。这片松林共有12棵松树，是朝方为纪念毛岸英烈士特意种下的。站在这些高大挺拔的松树前，刘思齐沉默良久……

为标记并纪念毛岸英烈士牺牲地，刘思齐决定要在一个松树下立一块小石碑。石碑由花岗岩制成，碑高1.1米，基座高25厘米，象征着毛岸英牺牲的日期11月25日。刘思齐草拟了碑文："毛岸英同志是中国人民伟大领袖毛泽东主席的长子。在抗美援朝战争中，于1950年11月25日，因美

帝飞机轰炸牺牲于此处。"落款为"刘思齐2006年5月12日"。

随后，中朝双方为毛岸英烈士举行了一个纪念仪式。仪式上，刘思齐说："岸英，我来了！今天总算圆了我55年来最大的心愿。来大榆洞之前，我到朝鲜来过四次。但直到来到这里以后我才发现，大榆洞才是我真正应该来的地方，我早就应该来了。这是我天天梦到的地方。在梦中我来，就是想看到你，就是想看到你的背影，哪怕是擦肩而过。"说到这里，刘思齐已是泣不成声，她身旁的朝鲜人民军翻译朴秀莲则一边流泪，一边用哽咽的声音将发言翻译给陪同的朝鲜人民军少将安永基。安永基少将紧锁双眉，双目紧闭，泪水也情不自禁地顺着眼角流了下来。

刘思齐接着缓缓地说道："岸英，这是我第一次来大榆洞，但也很可能是我的最后一次。我老了，不能再来看你了。你牺牲在这里，这里就是你的朝鲜母亲，在她的怀里你献出生命，在这里你经历了难以忍受的极大痛苦，中朝由鲜血凝成的友谊中有你的一份，你就在这里静静地安息吧！"

说完，刘思齐慢慢走到角落，用纸巾擦去不断涌出的泪水。此时中朝双方所有人员默默地肃立，全场一片寂静。许久，陪同人员为刘思齐斟上一杯白酒。她端着它，走到树下，将酒缓缓洒在地上，说道："岸英，这是家乡的浏阳河酒，喝了好好安息吧。"随后，刘思齐的子女捧起一把大榆洞的泥土，小心翼翼地放入袋内，作为日后永远的纪念。

相聚总是如此的短暂，转眼间就到了离开的时候。下午一点临走之时，刘思齐对东仓郡人民委员会委员长方世焕和事迹馆馆长刘春华说："大榆洞保护得很好。我代表烈士谢谢你们，有了你们，中朝友谊一定会发扬光大。"在依依不舍中，刘思齐踏上了归途。

(参见夏宇:《刘思齐赴朝寻访毛岸英牺牲地实录》,《老年日报》2006年5月27日)

毛泽东三番五次催促儿媳改嫁

时光流逝，刘思齐不知不觉步入而立之年。看到刘思齐的美好年华随着时光流逝，毛泽东明显地为她着急，可是作为公公又不好三番五次地催促儿媳改嫁。

有一天，毛泽东很机敏又很策略地处理了这件事。他趁几个儿女都在家时，便和他们半开玩笑地说："孩子们，你们都老大不小的了，应该考虑考虑找对象的事喽！"

"爸爸，如今找对象可难了！""您给我们当个参谋吧！""到哪里去找合适的呀？""我们找不到啊……"

"你们就不能主动点。"毛泽东笑着说。

"怎么个主动呀？"几个孩子围着毛泽东像花喜鹊一样嘻嘻哈哈地乱叫。

毛泽东招架不住了，就捂住耳朵大声说："不要吵了，孩子们，我倒是有个办法！"

"啥办法？"大家都静了下来，好奇地等着毛泽东出高招儿！

不料，毛泽东挥挥手，用打趣的神情说："你们都闭上眼睛，上大街随便抓一个好了！"

刘思齐也跟着凑热闹，就笑着问毛泽东："要是抓住个大黑麻子，那可怎么办呢？"

"抓住个麻子更好，麻子可疼媳妇了。"毛泽东边笑边看了一眼刘思齐。

毛泽东对刘思齐的关心，刘思齐怎能不理解呢！

两年前，毛泽东向前来看望他的邵华谈起了在朝鲜战场上已经牺牲8年的毛岸英，也谈到了仍孑然一身的刘思齐，老人家为他们的真挚爱情感叹："新中国又不是旧社会，我们是革命家庭，又不是帝王将相府，怎么

能从一而终呢？你去劝劝思齐，让她再组建一个新家吧！"

刘思齐与毛岸英从相识到诀别只有短短的 5 年，作为夫妻还不到一年时间。刘思齐又正值青春年华，本应抹干眼泪去追求新的生活。但作为毛泽东的儿媳，作为一个生活在特殊家庭中的女性，刘思齐要迈出这一步是何等的艰难。首先，刘思齐在感情上就转不过弯来，"一日夫妻百日恩，百日夫妻似海深。"她终生难忘这段刻骨铭心的爱。

听完邵华的劝告，心碎欲裂的刘思齐一声长叹："唉，岸英瞒着我去了朝鲜，再也没有回来，留在了举目无亲、天寒地冻的异国他乡，我最后连他的尸骨都没看到，连他的墓地都没去过，怎么可能考虑改嫁再婚呢？"

邵华听了姐姐的话不由得心酸流泪，姐妹俩抱头痛哭一场。后来，邵华又去中南海向毛泽东道出了这个深藏于思齐心头的情结。毛泽东听后心灵受到了震撼，为了这对夫妻的情深意笃，也为了自己的一时"疏忽"，他流下了不多见的眼泪。老人家理解儿媳的心情，决定安排刘思齐赴朝鲜扫墓，以尽夫妻之情。

临行前，毛泽东拉住儿媳的手说："思齐啊，我也想岸英，但我不能去看他，只有你去。你是他最亲爱的人，还是烈士的家属，应该去看看，你是以烈属的身份去扫墓的。"

毛泽东拿出自己的稿费为刘思齐置装，并嘱咐道："你们去看望岸英，这是我们家的私事，不能动用公家一分钱。这次活动不能张扬，不能见报，要悄悄地去悄悄地回，更不能惊动朝鲜方面。他们战后很困难，也很忙，不要麻烦、打搅人家。你们就住在使馆里，也不要待得太久。"

见刘思齐默默点头，毛泽东又说："你到了朝鲜后，告诉岸英，你也是代我去给他扫墓的，我们去晚了。你告诉岸英，我无法自己去看他，请他原谅。爸爸想他、爱他……"

刘思齐被凝固在沉痛的气氛中，嗓子眼儿好像壅塞着一个热辣辣的东西。她用手紧紧地捂住嘴，生怕哭声从嘴里爆发出来，只是一个劲儿地点头。等毛泽东把他想说的事都交代完了，刘思齐就急忙离开了中南海。

刘思齐到达平壤后，受到中国使馆全体人员的热情接待。考虑到刘思齐这次是以烈属的身份秘密前来扫墓的，为了不惊扰朝鲜方面，时任军停会委员的任荣将军经与乔晓光大使商量后，决定由他带领刘思齐姐妹去桧仓烈士陵园，使馆只派一名女同志，用两辆车，不通知朝鲜政府。

深隐于崇山峻岭之中的桧仓中国人民志愿军烈士陵园，是当年任荣担任志愿军政治部组织部部长时参与承建的。1955 年陵园初步建成后，毛岸英烈士从大榆洞山上迁葬于陵园内，墓前竖立一块大理石石碑。

他们踏着当年志愿军的足迹来到桧仓郡，循陵道拾级而上。任荣与刘思齐、邵华走在前面，陪同人员跟随在后，经过"浩气长存"的牌坊来到纪念碑前，向所有的志愿军烈士默哀悼念，然后再经过耸立着志愿军烈士铜像的广场，来到位于最高处的志愿军烈士墓地。

刘思齐越往上走心跳越快，当她登上最后一个台阶时，只见一大片整洁的墓群直逼眼帘，墓群的前面有一座十分显眼的独立的圆形墓冢。任荣指着它说："那就是毛岸英烈士的墓。"

当看到那确凿无疑的水泥构筑的墓冢，看到那一米多高的标明"毛岸英同志之墓"的墓碑，刘思齐的心碎了，她不敢相信但又不得不相信眼前的事实。想到饱受烈火摧残的毛岸英躺在冰冷的石头下已经那么久了，她才来看他，思念、悲痛、愧疚一起涌上心头。她扑通一声跪倒在地，双手抚着墓碑号啕大哭起来："岸英啊，我看你来了，代表爸爸看你来了。这么多年才来看你，来晚了……"

刘思齐哭得撕心裂肺，泣不成声，差点儿昏厥过去。她要把埋藏在心底对岸英深沉的爱和思念，在这短暂的瞬间全部倾泻在墓碑前。

任荣尽管也很悲痛，泪流不止，但他更担心悲伤过度的刘思齐和邵华哭坏身子，便和陪同人员一起多次劝她俩节哀顺变，保重身体要紧。然而姐妹俩实在太悲伤了，任凭大伙儿费尽心思，也难以奏效。

墓地庄严肃穆，周围的青松、白雪、花圈更令人荡气回肠。墓边掠过的阵阵天风，仿佛在轻吟着凄哀的挽歌。

过了许久，任荣和陪同人员不得不把仍在极度悲痛中的刘思齐连拉带架地搀扶起来，沿着毛岸英的墓缓缓而行，绕墓一周。

临离开时，刘思齐又跪在毛岸英墓前，边抽泣边捧起一把土，小心翼翼地用手绢包起来，放进贴身的口袋里。大家一起再次向毛岸英烈士墓三

鞠躬，作最后的告别。

隔山隔水隔边关，别时容易见时难。此时此刻，刘思齐心中充满了悲切、惆怅、惋惜之情。她一步一回头地移动脚步，望着毛岸英的墓泪眼嘶声地说："再见了，岸英！安息吧，岸英！你永远活在我的心中……"

扫墓归来，堆积的悲情一下子释放了出来，如大江出峡一泻千里，刘思齐禁不住这过大的情绪波动，病倒了，而且一病就是三个月。待病情好转后，她立即向毛泽东汇报扫墓的情况。

"我们到了朝鲜，大使馆的同志招待我们很热情，"刘思齐把她拍摄的照片递给毛泽东，接着说，"志愿军烈士陵园在桧仓郡，陵园的占地面积很大，绿化搞得很好。从陵园的大门到墓地要上三层平台，墓地很整洁，朝鲜同志管理得很好。"

接着刘思齐向毛泽东详细介绍了桧仓烈士陵园的情况。陵园的大门上用中朝两种文字题写"中国人民志愿军烈士陵园"。进入陵园大门，沿着用条石铺成的陵道走，可以看到一座牌坊，上书"浩气长存"四个大字，背面是中国人民志愿军参战各军兵种的军人画像。走过牌坊便是一座碑亭，正面刻有"抗美援朝保家卫国的烈士永垂不朽"几个大字，背面是抗美援朝战争简介，碑亭梁枋的四面是黄继光、杨根思、邱少云、罗盛教等英雄的画像。碑亭后屹立着志愿军战士雕像，雕像基座前面有和平鸽，并刻有"和平万岁"四字，雕像后面是两组反映志愿军战斗和中朝友谊的大型群雕。烈士墓组成一个整齐的方阵，烈士们头枕青山，面朝祖国。除三位无名烈士外，每个烈士墓前都竖有一块镌刻名字的石碑，每个墓旁都栽有一株黑松……

毛泽东一边看照片，一边关切地问："平壤的建设搞得如何？"

"建设搞得很好，道路很宽阔，很干净，绿化也很好，还建起了一些楼房。据说，在春暖花开的时候，平壤更美丽。"

"这个烈士陵园离平壤多远？在平壤的什么方向？"

"在平壤的东面，离平壤不太远。"

"岸英的墓在哪儿？"

"在这个位置，大概是墓地的西南侧，"刘思齐在纸上一边画一边说，

"这个陵园共有 134 个烈士墓，岸英的墓位于前面。"

毛泽东看着刘思齐画的图，沉默了一会儿又说："思齐，将来有机会，你还应该到岸英遇难的地方大榆洞去看一看。"

"请爸爸放心，我一定会去的。"

毛泽东点起一支烟，从画图上收回目光，用低缓的声音说："思齐啊，你对岸英的那份感情，爸爸心里晓得，也能理解，所以这次爸爸安排你去朝鲜看望岸英，就是让你永远地记住他。但我们是唯物主义者，共产党人不主张望门守节、从一而终。你单身已过了 10 年，我心疼啊！你还年轻，重建个家庭，对身心健康，对工作，对发展中的建设事业都会有益，也是对岸英最好的纪念与安慰，让爸爸给你介绍个对象吧！"

岁月没能冲淡刘思齐对毛岸英的感情，她对毛岸英依然难以释怀，对自己的个人问题总是犹豫不决。此时，刘思齐伏在毛泽东的膝头潸然泪下，她虽然没再拒绝毛泽东的关心，但她需要的是一位心胸豁达的丈夫，一位能容下她心里还有对前夫思念的丈夫。

此后陆续有人为刘思齐介绍对象，可刘思齐那里依然是"空山凝云颓不流"。毛泽东只好又给刘思齐写信，语气委婉地劝道：

女儿：

你好！哪有忘记的道理？你要听劝，下决心结婚吧，是时候了。五心不定，输得干干净净。高不成低不就，是你们这一类女孩子的通病。是不是呢？信到，回信给我为盼！

问好。

父亲

六月十三日

毛泽东在给刘思齐的信中，充满了父亲的慈爱。刘思齐从苏联回国后，毛泽东经常做她的工作，多次语重心长地说："思齐啊，你还年轻，前途还远得很，你不能就这样过一辈子。俗话说少年夫妻老来伴，将来老了，也还要有个伴嘛！老来无伴，好凄凉啊！"

一天，空军副司令兼空军学院院长刘震对毛泽东说："主席，我们空军学院强击机教研室有位教员，叫杨茂之，是从苏联留学回来的。这个小伙子老实正派，我觉得可以，是不是和刘思齐……"

毛泽东立即派人过去考查，果然杨茂之的人品跟刘震所介绍的一般无二。于是毛泽东决定走出第二步棋，安排刘思齐和杨茂之见面，让他们互相了解了解。

其实，刘思齐与杨茂之早就见过面。刘思齐在莫斯科大学读书时，杨茂之早她一年到苏联红旗空军学院学习指挥。他们在中国留学生的聚会上见过面，只是没有说过话，更没有想到对方会成为自己的终身伴侣。

杨茂之是个大高个，身体强健。父母都是大海岸边的渔民，他有着农民的忠厚品德和大海一般的宽阔胸怀。

在毛泽东的一再关心和催促下，刘思齐终于在1962年初同杨茂之建立了新的家庭。毛泽东了却了一桩心事，高兴之余便风趣地对刘思齐说："以后不要疏远父子之情哟，你不是我的儿媳妇，还是我的女儿嘛！"

（参见武立金著：《毛泽东的家庭生活：红墙第一家》，台海出版社2011年版）

邵华 篇

　　邵华，1938 年出生于陕北延安，湖南常德人。陈振亚与张文秋之女，毛岸青的夫人，毛泽东的二儿媳。1966 年毕业于北京大学中文系。1995 年晋升为少将，曾任中国人民解放军军事科学院军事百科部副部长，全国政协委员、中国作家协会会员。20 世纪 40 年代，在新疆监狱度过磨难的童年，又在延安的马背上摔打长大。先后在军事科学院、总参管理局等单位工作过。1993 年与毛岸青主编《中国出了个毛泽东丛书》，出版《陈振亚传》《刘谦初传》等专著，单独发表或与毛岸青合作撰写了《我们爱韶山的红杜鹃》《无尽的思念》等数十篇文学作品。

毛泽东关注邵华的读书学习

毛泽东的二儿媳邵华回忆说，1950 年，毛岸英还没有去抗美援朝之前，和刘思齐经常回中南海去看望毛主席。有这个机会，只要在场，邵华总是愿意跟他们一起去见毛主席，所以他们有时也开玩笑，叫她小跟屁虫，拖尾巴虫。有一次，毛主席问刘思齐的学习情况，而且了解得很详细，邵华当时听了以后，很羡慕，因为那时候北京刚刚解放不久，邵华一直是跟着母亲南北转战，几乎就没有上学的机会。她听见毛主席对姐姐的学习是那么关怀，后来有一次忍不住在旁边说了一句，说她也要上学。主席当时很吃惊地问："孩子，你怎么还没有上学呀？"邵华就简单地给他讲了一下。主席听了以后说："好，你放心，孩子你放心，这件事情我替你来办。"过了几天之后，他的秘书叶子龙同志交给了邵华一封信，叶子龙同志说，要她到中直育英小学报到，找韩校长，就可以上学了。后来邵华当了育英小学的插班生。

当时，学校在学习上采用的是苏联的 5 分制，3 分是及格，4 分是良，5 分是优秀；得了 5 分，就会在你的计分册上用"红笔"写一个 5。有一次邵华的期中考试成绩看上去几乎是满堂红，唯独体育是一个 3 分。她很高兴地拿去给主席看，沾沾自喜，因为拿了个满堂红。毛主席看了之后，对她说在体育方面要加强，要增强体质，要进行锻炼。另外，他还教导说，一个人的精力是有限的，不能把精力平均地用在每一门功课上，应该钻一门最喜欢的，认为是最值得学习的东西，在这一门学科上，要有所突破，有所理解，更深一点，不一定认为满堂红就是好的。

最后，邵华如愿以偿考进了北京大学中文系。在北大期间，邵华还是有很多机会和毛主席沟通。比方说，主席问邵华喜欢曹操还是喜欢曹丕、曹植，邵华当时顺口就说喜欢曹植的诗，尤其喜欢他的七步诗。并说曹丕逼得他没有办法了，七步之内要作不出诗来就要杀掉他，曹植才华横溢。

后来主席说，他更喜欢曹操的诗。从这以后，邵华就比较注意去读曹操的诗，发现曹操诗的含义、境界确实比曹植、曹丕要高。

邵华当时正在学西方文学，很痴迷地读一本书，名字叫《简·爱》。后来，主席问《简·爱》这本书怎么样，她把当时的感想讲得很多，对女主人翁，对男主人翁，多么喜欢，觉得他们之间的爱情好像是平等的，是纯真的，根据当时的感想胡吹了一通。主席让她把书名和作者名写下来。过了不多久，她又去看望毛泽东的时候，就发现在他的案头上放了一本《简·爱》，看到他已经看了五分之四了。

这件事情，说明主席对子女的读书、学习，他们的思想感情，是非常关注的，也关注他们喜欢一些什么书，怎样来引导他们。这也证明了主席不像别人说的，不看外国小说。这就是一个实例。新中国成立初期，有一次主席叫刘思齐帮他借一本《茶花女》来，后来刘思齐想办法在她认识的同学那儿借到了一本《茶花女》，给主席送去了。过了一段时间，主席又把这本书还给刘思齐，说他已经看完了。刘思齐拿到这本书以后顺手翻开一看，里头圈圈点点，甚至还有眉批，吓坏了，她就觉得从人家那儿借来的几乎是一本新的书，现在被主席都看成这样，怎么还给人家。后来刘思齐把这本书还人家的时候，急忙合上，说这本书她已经看完了，还给那位同学，扭头就跑了。后来大家都说她真傻，她要是告诉那位同学这本书是主席圈点过的，那将是珍宝。那位同学直到现在也不知道这本书是主席看过的，他说"文化大革命"期间丢失了，真是非常遗憾。

邵华深有体会地说："毛主席在全国人民的心中，在全党同志的心中是伟大的领袖，确实是世纪伟人，但是在我们孩子们的心中，他不光是一个伟人，还是一位慈父，他很体谅、很了解孩子们的心情。只要我们的愿望是正确的，是可以接受的，他就能够满足我们的愿望，所以我深深感到，父亲永远活在我们心里。"

（参见中共中央文献研究室第一编研部编：《温情毛泽东》，辽宁人民出版社2005 年版）

关心儿媳的学习

　　毛泽东始终关心子女的学习、成长和进步。毛岸英的爱人刘思齐是学历史的，一些年代、朝代她老是搞不清。在谈话中，她总是把这个年代的事错移到那个年代。毛泽东常常笑着说，你一下子把历史抹掉了几千年。历史是毛泽东最精通的学科之一，对于中国历史，毛泽东倾注了大半辈子心血，他以通读"二十四史"而闻名于世。他从思想上要求刘思齐注重对历史的学习，并从方法论上对她详加指导，循循善诱；他亲自为刘思齐开列了学习历史的必备书目，要求她从《资治通鉴》《汉书》《后汉书》《三国志》等书开始读起。

　　1959 年邵华考进了北京大学中文系。因为刘思齐、邵华姐妹俩都是学文科的，博览群书的毛泽东非常关心她们的读书情况，和她们在文学上成了"论友"。在交谈和讨论中，毛泽东和邵华既谈论过《西游记》《聊斋志异》《红楼梦》等中国古典文学名著，也谈论过《简·爱》《茶花女》这样的外国文学名著；既谈论过《中国通史》这样的史学书籍，也谈论过李白、陆游、辛弃疾、王勃和曹操父子的诗歌，可谓海阔天空。

　　毛泽东非常推崇李白，认为李白的诗"文采奇异，气势磅礴，有脱俗之风"。他评价说《将进酒》是一首好诗，《蜀道难》也有些意思。在评论白居易时，他说《琵琶行》不但文采好，描写得逼真细腻，难得的是作者对琵琶演奏者的态度是平等的，白居易的诗的高明处在于此而不在他。同时，毛泽东还谈到了王昌龄、陆游、辛弃疾这些人的边塞诗，并把王昌龄的《从军行七首》等亲笔写给在座的儿女们。

　　在谈论宋代诗词时，毛泽东问邵华："你最喜欢谁的作品？"邵华说："陆游。"毛泽东问："为什么？"邵华说："陆游的诗词充满着热血沸腾的爱国主义激情，具有雄浑豪放的战斗风格，常常表现出'一身报国有万死'的牺牲精神。"毛泽东很是赞同，又问她："你最喜欢他的哪几首呢？"

邵华就给毛主席列举了《书愤》《示儿》《夜游宫》等几首。毛泽东听后兴致大发，从沙发上站起来，走到桌前，铺开宣纸，饱蘸墨汁，挥笔给邵华写下《夜游宫》这首词。邵华如获至宝。

在谈论《西游记》时，毛泽东对孙悟空不畏艰险、敢于同一切妖魔鬼怪作斗争的精神和善于识别正义和邪恶的洞察力，以及不达目的决不罢休的可贵品格和顽强毅力十分称赞。难怪毛泽东在给江青的信中说自己既有虎气又有猴气呢！或许受《西游记》中孙行者的影响很大吧！毛泽东还对孙悟空敢于违背师父唐僧的"千日行善，善犹不足；一日行恶，恶常有余"的信条，而信奉"行善即是除恶，除恶即是行善"的观点十分赞赏。

当谈到《聊斋志异》时，毛泽东认为《小谢》是一篇好文章，反映了个性解放的强烈要求，并说《聊斋志异》中那些善良的做好事的"狐仙"要多些就好了。

有一次，邵华的《中国通史》课程考试取得了好成绩，便兴致勃勃地跑来告诉毛泽东。毛泽东就说："那我来考考你，你谈谈刘邦、项羽兴衰的原因吧。"邵华便按照教材的内容回答了一遍，毛泽东笑道："这是死记硬背，算是知道了点皮毛，但还没有很好地理解。要多读史料，多思考，能把'为什么'都说清楚，这一课才算学好了。"

邵华深深地被毛泽东的渊博和思想折服，尤其是这些看似是死的史料知识，一到了毛泽东那里就都变"活"了起来。努力读书的邵华越努力，越觉得自己的知识不够用，对此她感到有些迷茫，就像一只刚刚学会独自飞翔的小鸟，不知道怎样才能使自己知识的翅膀尽快丰满起来。毛泽东劝慰她说："不要急，知识需要积累，最重要的是要把书读活，切忌读死书，死读书，要勤动脑，要善于思考。"

毛泽东就是这样循循善诱，引导儿媳读书学习。

(参见丁晓平著：《家世·家书·家风：毛泽东的亲情世界》，中央文献出版社2006年版)

挥毫雄健，自成一家

毛泽东酷爱书法，并且独创了"毛体"。毛岸青、邵华回忆起父亲的书法生活时，说毛泽东青年时代就对书法很感兴趣，坚持天天练字。那时，他的字写得很规矩、很方正，有魏碑遗风，这为他后来书法的发展打下了基础。1956 年前后，毛泽东请秘书把能够找到的历代名人字帖、墨迹都买来，揣摩研究。他常说，这样又学写字，又读诗文，是一举两得。

"50 年代初，邵华有时随姐姐松林去中南海，看到爸爸的桌上，除了一个插满铅笔和毛笔的笔筒外，还有一个醒目的铜墨盒和一些翻开的字帖和练过字的纸。这些纸，有的是白色的宣纸，有的是带红道的信纸，上面经常写得密密麻麻的。松林常拿起这些纸来细看，发现上面写的都是一首首唐诗、宋词。有时遇到不认识的字，她就当面向爸爸请教。爸爸看到她这么喜欢唐诗、宋词，就常把自己练过字的纸送给她。松林欣喜若狂，如获珍宝。爸爸亲笔写的这些字，在她看来，那是要比唐诗、宋词本身更珍贵得多啊！

"爸爸最喜欢王羲之、王献之的字帖和怀素的草书帖，常利用饭后短暂的时间临摹、琢磨，从中研究汲取对自己有用的东西。就这样，经过长期的研究和刻苦的练习，爸爸的书法博采各家之长，形成自己的独特风格。

"我们保留着爸爸在四五十年代写给岸英、岸青信的手迹，但同 60 年代写给我们的字相比，前后风格已大不一样。听书法家评论说，他 60 年代的书法功力已很精湛，用笔刚劲雄健，而又流畅奔腾，真可说是得心应手，挥洒自如，自成一家了。

"在 60 年代初的一次交谈中，爸爸同我们谈起了唐代诗人。谈到初唐四杰之一的王勃时，爸爸对他的评价很高，说他年轻有为，才高学博，为文光昌流丽，二十几岁的人就写了十六卷诗文作品，可惜死得太早了。爸

爸喜欢他的《送杜少府之任蜀川》，对其中的'海内存知己，天涯若比邻'两句很欣赏。在谈话中，他发现我们也十分喜欢《滕王阁序》，很是高兴，边背诵其中佳句，边作评论。在谈兴正浓时，爸爸坐到桌前，挥动中楷羊毫，悬腕作书，为我们写下了'落霞与孤鹜齐飞，秋水共长天一色'这一千古名句。邵华双手接过来，高兴得几乎跳起来！

"看到这一墨迹的书法家评论说：这 14 个字分三行，互相呼应，一气呵成，气势磅礴，不同凡响。就全篇整体来看，结构和谐，画面很美，细看每个字，又是谨严而有法度，笔笔不苟，没有败笔，确实是一幅十分珍贵的墨宝。

"现在，每当我们看到爸爸为我们手书的这 14 个大字时，不由得想到，王勃这一名句确实写出了前人未曾道过的情景，意境优美，令人叫绝，而好文配上好字，才更是千古一绝。"

(参见毛岸青、邵华：《回忆爸爸勤奋读书和练习书法》；郭思敏编：《我眼中的毛泽东》，河北人民出版社 1990 年版)

《上邪》要多读

毛泽东的家庭生活中也经常出现一些矛盾，在子女的婚姻生活中也有一点波澜。

但生活毕竟不同于谈恋爱，不可能天天都是花前月下卿卿我我的浪漫，更多的是锅碗瓢盆的交响曲和柴米油盐酱醋茶的碰撞。

1962 年春，毛岸青和邵华回到北京生活。这个时候随着毛岸青精神和身体的恢复，不想当一名纯粹的家庭主妇的邵华，还想回到北京大学读书。毛泽东给予了积极支持。可是由于缺课时间太久，邵华感到学习已经非常吃力，跟不上，情绪十分低落。

谁家没有一本难念的经呢？大千世界，芸芸众生，纷繁复杂。毛泽东家也不例外。毛岸青和邵华的婚后生活自然会有一些不如意的事情发生。再加上岸青不能经受一点刺激，小夫妻之间不可避免地发一些小脾气，互相斗气。对这一切，作为父亲的毛泽东在知道他们之间的矛盾和烦恼后，十分理解儿媳邵华。

从 5 月 2 日起离京南下，毛泽东先后到上海、杭州、长沙、武汉、郑州、济南、天津，于 7 月 6 日才回到北京。从下面家书的写作时间来看，毛泽东当时应该在杭州。在接到毛岸青和邵华两人要分别给他写信的消息后，行色匆匆的毛泽东在 6 月 3 日上午 7 时给邵华回了一封信：

你好！有信。拿来，想看。要好生养病，立志奔前程，女儿气要少些，加一点男儿气，为社会做一番事业，企予望之。《上邪》一篇，要多读。余不尽。

父亲
六月三日上午七时

家书中，毛泽东首先劝慰儿媳邵华"要好生养病，立志奔前程"，而且"女儿气要少些，加一点男儿气"，希望邵华勇敢地面对生活中、学习上暂时的困难和挫折，要有一股不服输、不怕苦和战胜困难的精神，要有"谁说女子不如男"的英雄气，只有这样才能"为社会做一番事业"，这是毛泽东所"企予望之"的。

这封家书言简意赅，寓意深刻。作为父亲的毛泽东，深知儿子毛岸青的精神和身体状况以及独立生活的能力，因此他对毛岸青和邵华的家庭是有牵有挂有担心，所以他希望儿媳邵华能够独当一面，"加一点男儿气"，勇敢地挑起家庭生活的重担。而当他得知儿子儿媳的关系出现不愉快的时候，毛泽东没有讲任何道理，作任何说教，只是与同样喜爱中国古典文学的儿媳讲了一句话："《上邪》一篇，要多读。"七个字，笔力千钧，意味深长。

《上邪》乃汉朝民歌《饶歌》第十六曲。全词为："上邪！我欲与君相知，长命无绝衰。山无陵，江水为竭，冬雷震震，夏雨雪，天地合，乃敢与君绝！"

这是一个女子对爱人的山盟海誓。意思是说：苍天啊！我对你发誓，我和我的爱人相亲相爱，我们的爱情永远没有断绝的时候！只有到了山夷为平地，江水干枯，冬天雷声阵阵，夏天雨雪纷纷，天地合而为一的时候，我才敢决定与爱人断绝关系！

这是中国爱情诗的千古绝唱。诗中列举了五种不可能出现的自然现象，来比喻女子对爱情的忠贞不渝和坚定不移。伟人毛泽东以其渊博的学识巧妙地告诉儿媳一个做人处世的道理，鼓励并希望邵华坚强些，既要以事业为重，又要坚信美好的爱情可以成为战胜生活中的困难、家庭中的纠葛和烦恼的武器。毛泽东可谓用心良苦。作为过来人的毛泽东，让儿媳"多读《上邪》"，邵华也理解了父亲这封家书的用心和意义。此后，邵华的性格慢慢地变得开朗了、豁达了、从容了，对岸青也更加关心和体贴了。"与君相知"的她没有辜负毛泽东的"企予望之"，始终按照父亲的教导去做，与毛岸青患难与共，携手同心，赢得了美满的爱情和人生。

邵华曾说："对毛岸青一方面是爱，因为他的整个经历我也很同情，

116

也是苦难的一生，我自己也是苦难的一生，我从小坐过监狱，在敌人监狱里生活了八年。我的父亲也是在监狱中牺牲的，所以既有爱情，又有同情，互相支持、鼓励这样一种心情。我们结婚之后，当然父亲也很鼓励我们，也很关心我们，希望我们能够互相之间都有一个依靠，有一个寄托。"

毛岸青与邵华结婚后，尽管经历了风风雨雨，但两人始终相亲相爱、相敬如宾、相互帮助。在邵华眼里，毛岸青对她是很疼爱、很照顾的，"一起出去散步的时候，他搂着我，甚至要把他的大衣披在我肩上。我在他眼里一直是小妹妹，散步的时候他总是挽着我，因为在苏联长大的人很习惯挽着，很浪漫，我当时还觉得很不好意思，因为在街上走觉得有点太醒目。后来他常常说怕什么，我们是夫妻，没关系"。

可见，他们之间的感情是纯真的。

邵华
篇

李敏 篇

　　李敏，毛泽东之女。1936 年生于陕西保安（今志丹县），1941 年被送往苏联与母亲贺子珍团聚，1947 年回国。1958 年考入北京师范大学化学系。1964 年入伍，历任国防科委八局参谋、政治部副主任；1983 年调原总政治部直工部。1998 年至 2003 年，任北京市政协第九届委员、第十届常委；2003 年，任全国政协第十届、第十一届委员。

　　李敏说："父亲留下的遗产是可以使我与广大民众共享的思想，而没有半点儿的家私。因为我是毛泽东的女儿。"

　　在孔东梅看来，母亲李敏的命运十分坎坷。"但妈妈的婚姻是很成功的，她和父亲自由恋爱……他们一辈子非常相爱。"

为李敏定名

姣姣该上中学了。上学注册得有个学名，不能老叫姣姣！一天晚饭后，毛主席叫来姣姣说："爸爸再给你起个名字。"

"爸爸，我有名字，我的名字叫毛姣姣。"

提起姣姣这个名，还有番来历呢。那是1936年冬，毛主席率领红军到达陕北的保安县，负伤的贺子珍在保安一孔破窑洞里生下孩子。长征同时到达保安的邓颖超、康克清、刘英、钟月林等女红军闻讯都来窑洞庆贺。邓颖超见依偎在贺子珍怀里的孩子哇哇地哭，便抱过来亲亲。她看这女孩又瘦又小，产生一种特殊的怜爱之情，怜爱地说："真是个小姣姣呀！"毛主席听邓颖超这么一说，想起了《西京杂记》中"文君姣好，眉色如望远山，脸际常若芙蓉"，因此取其意，正式起名叫毛姣姣了。

毛主席微笑地说："姣姣是你在陕北保安刚生下来时取的小名，现在长大了，进中学了，我要给你取一个正式学名，而且这个名字要有深刻的意义。"

姣姣听后，高兴地伏在椅子上，看爸爸究竟怎样为自己取名。

毛主席打开《论语·里仁》，指着其中的一句话，子曰："君子欲讷于言而敏于行。"对姣姣解释说，"讷"就是语言迟钝的意思。毛主席讲到这里又打开了《辞源》，指着"敏"字解释道："敏"字有好几种解释，如敏捷，聪敏。《论语·公冶长》："敏而好学，不耻下问。"捷而通达事理。敏，还可作"灵敏迅速""敏捷多智"等解释。杜甫《不见》诗："敏捷诗千首，飘零酒一杯。"

姣姣听得入了迷，深深感到爸爸学识渊博，心里暗暗想，在爸爸身边，一定要好好向爸爸学习，做爸爸的好女儿。

"你的名字就叫敏，不一定叫毛敏，可以叫李敏。"毛主席对姣姣说。

"为什么？大哥叫毛岸英，二哥叫毛岸青，他们都跟爸爸姓毛，我为

什么不姓毛?"姣姣睁大眼睛,十分不解地问。

毛主席爱抚地用手拍拍姣姣的头说:"姣姣,爸爸姓毛,这是不错的,但是为了革命工作需要,爸爸曾经用过毛润之、子任、李德胜等十多个名字,爸爸特别喜欢李德胜这个名字。"

"爸爸,您给我讲讲李德胜这个名字是怎么来的。"

毛主席点着了一支烟,告诉姣姣:"那是 1947 年 3 月,蒋介石命令胡宗南调集 20 万军队重点进攻延安,进而达到消灭我军的卑鄙目的。考虑敌我双方力量的对比,我军决定主动放弃延安,并要求大家不要计较一城一地的得失,暂时放弃延安,是为了以后永久地解放延安,进而解放全中国。后来,预言实现了,我军在运动中不断寻机歼灭了大量敌人,而胡宗南匪帮却损兵折将,最后老老实实地退出了延安……"

就在这段转战陕北的途中,毛主席就用李德胜("离得胜"的谐音)的代名同周恩来副主席一起指挥作战。从此"李德胜"这个名字就出现在作战电报和命令上。

听了这番话,李敏明白了爸爸给她取名的真正用意,是勉励她认真学习马列主义,注重理论联系实际,做一个对革命有用的人。她会心地笑了,意识到爸爸对自己寄予的期望。

(参见裴之倬:《毛泽东与李敏》,《中国青年》1986 年第 9 期)

在风浪里锻炼成长

毛泽东不仅是伟大杰出的无产阶级革命家，也是体育运动的积极倡导者和实践者。"不管风吹浪打，胜似闲庭信步。"这豪迈的诗句，正是他伟大革命生涯中的华彩乐章，毛泽东一生所取得的成绩，从一定意义上说，得益于其强健的体魄，而这又缘于其独特的体育观及坚持不懈的体育锻炼。

毛泽东一生倡导体育运动，他从青年时代起就是个积极的体育锻炼者。他第一篇公开发表的论文就是关于体育的。1917 年 4 月，他在著名的《新青年》杂志第三卷第二期上署名"二十八画生"发表论文《体育之研究》，提出了"文明其精神，野蛮其体魄"的重要论点。

新中国成立后，作为党和国家主要领导人，毛泽东更加重视发展体育运动。1952 年中华全国体育总会成立，1955 年第一届全国工人体育运动会召开，他两次题词："发展体育运动，增强人民体质。"后来，他又提出了要使青年学生"在德育、智育、体育几个方面得到全面发展"的教育方针。

毛泽东对孩子们寄予了厚望，但并不娇生惯养，而是严格要求，放手锻炼他们，同时告诉他们为人处世的道理。他常教育他们："你们从小就要学会吃苦，不学吃苦怎么行呢！"

早在湖南第一师范学校读书时，毛泽东就十分重视强健体魄，磨炼意志。他向恩师杨昌济学习，一年四季洗冷水浴。还游湘江，中流击水，登山郊游。1961 年他以 67 岁高龄横渡长江，向大自然挑战，向人生的极限挑战，举世赞叹。他有意识地带孩子们滑冰、到大海里游泳，以此锻炼他们的体格和意志。

据李敏回忆，毛泽东对他们的管教很严格，有时候是很严厉的。毛泽东不仅要求他们在学习上要尽心、努力、刻苦，在其他方面的要求也同样严厉。

我记得好像是在小学未毕业时，一个冬季的星期天，等我们各自把作业完成后，爸爸就让我们几个孩子一起到南海冰场去滑冰。

我们当然很高兴。孩子嘛，就是喜欢玩，就一窝蜂似的跑向冰场。

什么事在自己没有亲自去实践之前，想得都很容易，看着别人做总是觉得很简单，可真要轮到自己做起来，可就完全不是那么回事了。

刚开始时，我的劲头挺大，兴致也挺高。我们几个争先恐后地坐下来，换上爸爸让人给我们买来的冰鞋。爸爸穿着大衣站在旁边全神贯注地看着我们。那神情，好像在说：行啊，孩子们练去吧！我冲爸爸笑笑，爸爸也冲我点头笑笑。

一切都准备好了，我一起身，一甩手，我的妈呀！还未迈开步呢，一个结结实实的屁股蹲儿就把我给摔倒在冰上，把我痛得直龇牙咧嘴。我回头看看妹妹李讷，她也摔在冰上，正在挣扎着站起来呢。我就咬着牙忍着痛也赶紧往起站，谁知越急，冰就越滑，越滑就越站不起来，两脚就是不听使唤，老在冰上打旋旋。好不容易刚站起来，又摔了个头重脚轻四脚朝天地带响的。不过还算万幸，我知道要保护好自己的脑袋，就是两肩、背、腰、屁股全着地，我的脑袋却抬得高高的，保住了我的"司令部"。

我扭头再一次看看妹妹李讷，她正在两手支撑着冰面，撅着屁股往起爬呢，还没有等她站起来，两脚又往后一滑，她的两手失去了支撑，来了个卧式，趴在了冰上。

我俩相视而笑。我看看站在冰场旁的爸爸，爸爸在冲我们笑，他在笑我们一个摔得四脚朝天，一个摔得满脸冰雪。那眼神那笑容中带着鼓励，仿佛是在告诉我们：勇敢地站起来！站起来再练！

再练，再摔；再摔，再练。不到规定的锻炼时间，爸爸不许我们退出冰场。又痛又累，实在没有办法，真想退到旁边坐下来歇歇，但是父命不可违，我们只好又硬撑着再练习。

功夫不负有心人，我们在冰上能站住脚了，还多少能往前滑几步了。

爸爸站在那里，一句话不说，只是看着，关注着每一个人。

扑通！李讷妹妹又摔倒了。她疼得太厉害，实在是受不了，就哭起来，她毕竟岁数还小。我趴在那里怎么站都站不起来，气得索性坐在冰上，眼泪在我眼眶里转着。我使劲儿忍着不让它流出来。我怕让爸爸看见我流眼泪，就把背转向爸爸坐着。

"好了，收兵吧！"爸爸向我们打招呼说。

我一听，高兴得"腾"一下子站起来，哎哟，还没站稳，那冰像伸出手来拉了我一把一样，那么舍不得让我走，结果我又重重地摔倒在冰上。我哭笑不得。干脆，我就不站起来，连爬带滑地到了冰场旁边。

这次的练习就这样结束了。

我们收拾好，尽管挨了不少摔，我们还是以胜利者自居，把冰鞋往手里一提，跟着爸爸回家了。

爸爸说："怎么样？有何感想？"

"学滑冰太难，太难了。冰太滑，两脚又总是不听指挥，太难。"我发出了感叹。

"难就对头了，要知难而进嘛！"

"摔得太疼了。"妹妹说。

"好嘛，不摔不打不成材，摔摔打打长得快嘛！"

我原想，我们说的难度大点，爸爸也可能就此叫我们收兵，打道回府，以后就算了，谁知爸爸说："今天挨摔，明天就少摔或不摔了。下周再继续摔。"

第二个练习日，我们都穿上厚厚的棉衣棉裤，像个大棉包一样。吸取了前次的教训，这次摔跤是少多了，还能甩开手滑小圈圈了。人就是这样，万事开头难。常言说得好，头三脚难踢。在冰场上也是这个理儿。练的次数多了，就有进步了，就有提高，从失败中吸取教训，由失败走向成功。"失败是成功之母"这话是爸爸的一句名言。

爸爸之所以要我们这样做，并非是要培养、训练我们成为什么健将、能手，而是意在培养我们的毅力和意志。当初我并不完全明白爸爸的意图，以为就是为了让我们休息日内容丰富些，活跃一下生活；除了适当的学习外，还要放松一下，活动活动就成了。爸爸还意在要我们练好身体。因为身体是革命的本钱，没有健康的体魄，就难以投身到火热的群众斗争中去，也不能参加社会主义建设。

　　在生活上也是这样，毛泽东支持子女们的进步要求，鼓励他们独立生活和工作。他告诉孩子们："靠我不行。靠自己的双手什么都能办到。""天下无难事，只怕有心人。"

　　毛岸英牺牲后，毛岸青有病，李讷还小，毛泽东曾提出要李敏帮助他和江青管这个家。当李敏提出要搬出去独立生活时，毛泽东虽然舍不得，但也没有阻拦。他听李敏说会做饭菜了，高兴地笑："我的娇娃可比妈妈当年有水平，莫得出洋相哟。"他给女儿讲起了当年江西红军生活，贺子珍水煮燕窝招待朱德的故事，父女俩笑成一团。

　　毛泽东从体育锻炼上入手，教育自己的孩子，去适应各种各样艰苦的环境。

（参见孔祥涛主编：《毛泽东家风》，中国书籍出版社 2006 年版）

（参见李敏著：《我的父亲毛泽东》，辽宁人民出版社 2000 年版）

情深似海的父女

毛泽东的工作很忙，父女俩的作息时间又不一致，加上李敏住校，两个人难得见面。父女俩接触时间最多的是在暑假，李敏不用上学，整天在家，有时还能跟随爸爸到北戴河，与爸爸一起游泳散步。

但是，毛泽东再忙，总是亲自过问李敏的功课，关心她的成长。

一般女孩都喜欢文科，李敏却喜欢理科，她的中文水平一直很差。她最怕上语文课，特别是语文测验和写作文。语文测验的成绩常常不好，有时是因为没把测验题弄懂，有时是题目倒是弄懂了，却不知怎样准确地把答案写出来。作文更令她头痛，她脑子里想得好好的，写出来却成了另一回事。李敏的感情是比较丰富的，但无法用手中的笔直抒胸臆。她喜欢数学，那是因为数学的公式明明白白，直截了当。但李敏做应用题就不行了，应用题是用文字来表述的。李敏对文字的理解时常错误，演算和答案也就跟着错了。在考试时，应用题都是大题，一道题错了，一二十分就丢了，于是李敏常常是考试不及格的数学爱好者，这使她非常苦恼。

毛泽东重点帮助李敏提高中文水平。到了暑假，毛泽东常常请来两位老师，帮助李敏补习语文和数学。

毛泽东领着李敏走进他的书房，指着屋里的一架架书说：

"读书破万卷，下笔如有神。你要突破语文这一关，得下个决心，一架书一架书地去读，读完一架读另一架，你会有进步的。"

毛泽东随手拿了一本书递给李敏，这是一本《西游记》，为了提高李敏阅读的兴趣，他还讲了几段故事给她听。毛泽东讲的第一个故事是孙悟空大闹天宫。毛泽东是用一种赞美的口吻描述孙悟空造玉皇大帝的反的。

毛泽东还指导李敏读《红楼梦》。李敏惊异地发现，爸爸的记忆力竟然那么好，《红楼梦》中的好多段落，他都背得出来。林黛玉所写的诗，他全部能背下来。原来毛泽东看《红楼梦》不下五遍。

毛泽东还希望李敏学点古文。他说，这对于提高文字的逻辑能力和表达能力有好处。可是李敏觉得，这对她来说就更难了。

在爸爸的支持下，李敏开始有计划地阅读世界名著。她先读巴尔扎克的作品，把《人间喜剧》全集几乎读了一遍。她打算一个作家一个作家地读下去。李敏的读书计划是在课余进行的，她必须先完成学校的作业，才能够读课外的书。因此，她的读书计划只有在假期中才能进展得快一些。

毛泽东是个极爱读书的人，他也希望自己的女儿爱读书。他给李敏设计的读书计划，不仅有文学的，还有政治和历史方面的。毛泽东曾鼓励李敏把《马克思恩格斯全集》《列宁全集》都读一遍，提高马列水平。他还希望李敏读点中国的历史书籍，如《史记》《汉书》等。汪东兴听说毛泽东为李敏开的这张书单，为了鼓励李敏学习，特意送了她《马克思恩格斯全集》、《列宁全集》、《史记》和《汉书》等书籍。这些书，李敏至今还保存着。

李敏把课余的时间都用在读书上了。周末回家，她还把从学校图书馆借的书带回家阅读，星期天再带回学校。毛泽东有时步入李敏的房间，看到桌上放着书，总要走过去翻翻看看。碰上一两本他感兴趣的，就拿去看了。

毛泽东读书有个习惯，就是边读边写，喜欢在书上作眉批，写下自己的观感和评语。有一次，他读李敏借来的书，兴之所至，竟提笔在书上批了一段文字。李敏把书拿回来一看，急了，公家的图书是不许涂写的，爸爸在书上写了字，违反了规定，书还怎么还呢，说不定老师要让赔书呢。还书日期到了，李敏没有办法，只得硬着头皮去还书。好在同时还的书比较多，老师检查不仔细，"蒙混"过了关。至于毛泽东批的是哪本书，写了哪一段话，李敏已经记不得了。

毛泽东喜欢检查孩子们的作业，他重点看的是李敏的作文本。毛泽东看出其中哪些语句有语病，就逐个给李敏指出来，而且告诉她，怎样写更好。

李敏喜欢体育课，有的运动项目成绩还不错。因此，江青曾夸张地说李敏有运动天赋，说要送她到业余体校去受训。

有一次，李敏在上体育课时崴了脚，造成右腿骨折，肿得老粗。养伤期间，她全身发软，没有力气；抽血一化验，是得了急性肝炎。她被送往传染病院，住了两个月。

李敏在医院里，好多叔叔阿姨还有同学来探望。陈毅当时因病也住在这个医院里，常常来到李敏的床前，给她讲故事，读诗给她听，同她一起玩。

在这个时候，李敏最想念的是爸爸。她想，每个周末从学校归来，毛泽东都是万分欣喜地欢迎她。到星期天下午要返校了，父女俩都觉得依依不舍。有一回，李敏心里不高兴，返校时掉了眼泪。毛泽东温情地弯下身子，抱着李敏，在她的脸上亲了一下，轻轻地说："你是好孩子，爸爸爱你。"李敏把眼泪擦干，高高兴兴地走了。

生病中的李敏，多么希望见到爸爸。他知道，爸爸太忙，不可能来看她。毛泽东的确没有来过，但他惦记着女儿。他不时让警卫员给她捎来吃的、玩的、看的，还让警卫员了解李敏病情进展情况，回去给他汇报。有一次，毛泽东捎来了专为李敏写的一首诗。诗是毛泽东用毛笔写在宣纸上的。这是毛泽东给李敏写的唯一的一首诗。李敏读着，似乎又看到父亲亲切的笑容，感受到父亲对她深深的爱。这首诗，至今珍藏在李敏家里，舍不得拿出来给别人看。

等到李敏终于病愈回到家，毛泽东紧紧地把她揽在怀里，欣喜地说："你终于回来了，爸爸欢迎你。"

此时，李敏感到，她是最幸福的人。

在家里，李敏最爱爸爸，但是她能同毛泽东一起相处的时间太少了，特别是父女俩单独相处的时间更少。毛泽东越来越忙，经常连周末的一顿团圆饭都无法参加。李敏在星期六晚上见不到爸爸，只能盼望星期天能见到爸爸，同爸爸一起待一会儿。有时候，毛泽东连星期天都抽不出空同孩子们待一会儿。李敏只好带着失望的情绪返校，盼望下一个周末的到来。

在一个假日，毛泽东突然出现在李敏的卧室，说："走呀，我们一块儿出去走走。"李敏真是喜出望外，像小燕子一般飞到了爸爸的身旁。

这时正是我国开始第一个五年计划建设的时期，北京的郊区正在兴建几座大型水库：十三陵水库、密云水库、官厅水库。毛泽东决定到十三陵

水库去视察，他知道李敏正在家，就带上女儿一起去。

能够同爸爸单独出行，这是非常难得的机会，李敏兴奋极了。平时沉默寡言的她，此时话多了起来，脸上一直漾着幸福的微笑。

毛泽东一边含笑地聆听女儿喋喋不休地诉说学校中的新鲜事，一边打量着女儿。他发现，女儿长高了，长大了，从小姑娘变成了大姑娘。她已经洗尽了"洋宝贝"的洋味，衣着打扮是地道的中国女学生的模样，上下一身深蓝的干部制服。

毛泽东怜惜地抚摸着女儿的头发说：

"你已经是个大姑娘了，要打扮打扮自己，穿得漂亮一点，要不将来找不到对象了。"

毛泽东说完，自己先哈哈大笑起来。

李敏一听，急了，跟爸爸嚷嚷起来："你这个爸爸，说话不像个爸爸的样子！"

毛泽东没有生气，又指着李敏的两条辫子说：

"在辫子上系上两个漂亮的蝴蝶结，人就会漂亮多了。当然，也不能打扮得太过分，别人会把你看作怪物呢。"

说完，毛泽东又是一阵开怀大笑，李敏也被爸爸逗笑了。

汽车疾驰在平整的公路上。一座由石龟背着的石碑从车窗外闪过，被毛泽东看到了，他连忙招呼汽车司机停车。他同李敏下了车，围着石碑转了好几个圈，又仔细地看了碑文，他回过头来问李敏：

"小外国人，你知道王八为什么会背石碑吗？"

李敏摇摇头，这是她第一次见到这样的石龟和石碑。

"这里有个故事呢，"毛泽东兴致极高地对李敏说，"有一支歌子唱的就是这个故事，歌子的名字就叫'王八卖烧酒'。"

于是，毛泽东和着"孟姜女哭长城"的曲调，轻声地唱起来。

"王八呀王八我问你，你呀为什么驮石碑？因为我呀卖烧酒，烧酒里面掺了凉的水。"

唱完以后，毛泽东同李敏一起笑了起来。李敏是第一次听到爸爸唱歌。

毛泽东接着说：

"娇娇，你这个被你妈掺了凉水的烧酒，将来会不会有人要呢？嫁不嫁得出去呢？将来会不会让你妈驮你一辈子呢？"

李敏这才明白了，原来爸爸在取笑她呢，爸爸把妈妈比作乌龟，龟字同妈妈原来的名字"桂圆"的"桂"字是同音，而酒字同"娇娇"的"娇"字读音近似。爸爸是拿乌龟驮石碑暗示妈妈驮娇娇。父女俩相互对视，开心地大笑起来。

汽车重新上路。毛泽东告诉李敏石龟背石碑的故事。他说，石龟背着高大的石碑，人们通常叫它王八驮石碑。其实，驮石碑的既非王八，也不是乌龟，它的真正名字叫赑屃。传说龙王有九个儿子，其中力气最大、性格好、背重物的一个就是赑屃，它的身体似龟，头部似龙。古代的人为死者立碑，喜欢把石碑立在赑屃的背上，企求依靠它的神力，使石碑经久不倒，千秋永存。在明十三陵见到的石碑，是功德碑，就是由龙首龟身的赑屃驮着的。毛泽东还说，有的石碑上面盖着亭子，叫作碑亭。有的石碑有几十吨重。

李敏听得津津有味。她对爸爸的博学多才从来是十分崇敬的，她常常觉得自己同爸爸之间相差太远，两者的差距十万八千里都不止。她无论在哪个方面，都无法达到爸爸的高度。这种想法，一方面使她对爸爸有一种近乎崇拜的感情，觉得自己的爸爸了不起；另一方而又很自卑，认为自己太差劲，不像爸爸的女儿。

毛泽东对子女的爱，的确是一种严格的爱，他对李敏的爱是深沉的，也是有政治原则的。在国家的困难时期，李敏已经搬出中南海，她不可能享受到任何特殊待遇，她像千千万万的普通干部那样挨饿，靠机关发的一点黄豆来补充营养，治疗浮肿，她从来没有想过到爸爸那里补充一点"油水"，解一解馋。

李敏在爸爸的身边长大，爸爸为共产主义的理想奋斗的事迹，深深地感染了她。她小小年纪就开始有了政治上的追求。

李敏已经上中学，她和那个年代所有的青年一样，热衷于阅读理想、人生观一类的政治书籍，开始思考有关人生的课题。她不断问自己：我活

着是为了什么？我要成为怎样的一个人？我的一生应该怎样度过？在她所读过的书籍中，她最喜欢《钢铁是怎样炼成的》，更喜欢书中的这样一段话：

人最宝贵的东西是生命。生命对于人只有一次。人的生命应该这样度过，当他回首往事的时候，不因年华的虚度而悲哀，不因碌碌无为而羞愧，在生命结束的时候，可以无愧地说，我整个的生命已经贡献给人类最壮丽的事业——共产主义事业。

李敏对自己说，她也要把她的青春、她的生命贡献给人类最壮丽的事业——共产主义事业。

20 世纪 50 年代的青年崇拜英雄，敬仰英雄，学习英雄，李敏也不例外。她相信共产党员是特殊材料制造的人，在共产党员身上集中了人类最美好的品德和理想。她崇敬她周围的共产党员，特别是父辈的老共产党员。她觉得，这些共产党员都是时代的英雄，是她学习的榜样。做一个像他们那样的人，成了她的人生目标与追求。于是，她产生了入党的想法。

然而，她怀着很深的自卑感。她看到她所在的班上，申请入党的同学个个都是品学兼优，学习成绩名列前茅。而她的学习成绩比较差，自己觉得还达不到共产党员的标准。她想入党，又怕觉悟不够，内心矛盾着，斗争着，十分苦恼。她写了入党申请书，却不敢递上去，她想找班里的党员同学谈一谈，又不敢开口，最后她决定回家找爸爸，让爸爸帮助她。

于是李敏同毛泽东进行了一次最严肃的谈话。

她星期六回到家，找到爸爸，鼓足勇气地说："爸爸，我要同您谈话。"

毛泽东同李敏在一起，相处一向随便、自然，从来没有出现过这样严肃的场面，今天看到李敏这种神态，他有点意外，随即放下手中的笔，抬头看看站在书桌旁的李敏，轻轻地说：

"你想谈什么？"

"我想入党。"

"你为什么要入党？"毛泽东对李敏的入党要求没有表态，却反问了一句。

　　李敏以为，爸爸听到她想入党的要求，一定会满心欢喜，热烈支持，没想到爸爸竟然提出这样的问题。她感到失望，还有点不满意，而且也不知道应该怎样回答，才能表达清楚她申请入党的想法。她张口结舌，答不出来，一本正经的表情消失了，表现出满脸的不高兴，撅起了小嘴说：

　　"您这个爸爸不像个爸爸，人家的爸爸都是鼓励儿女争取入党，您倒好，没说一句鼓励的话，反倒问起我为什么要入党。"

　　看着女儿生气的样子，毛泽东不由得笑起来，他和颜悦色地对李敏说：

　　"问问你为什么要入党有什么不对呢？我这不正是在帮助你吗？你的弟弟毛远新要入党，来跟我谈，我也是这样问他的。一个人加入共产党，首先要明确为什么入党，端正入党动机。"

　　李敏这才明白，原来爸爸已经不是以爸爸的身份同她谈话，而是作为一个共产党员同要求入党的年轻人谈话。后来她上了大学，真要参加到党的组织的行列了，在入党前夕，党委的同志同她谈话，第一句也是这样提的："你为什么要入党？"在随后申请入党的过程中，李敏也不断地问自己：我为什么要入党？

　　接着，毛泽东告诉她，做一个共产党员要具备哪些条件，共产党员有什么义务和责任。他还回答了李敏提出的问题：功课不好的人能不能入党。

　　李敏从爸爸的谈话中，明白了这个道理：一个人够不够入党的条件，要看他学习和工作的表现，更要看他的政治态度和政治表现，共产党员要有坚定正确的政治方向。她认真思考了爸爸的话，并对照反省了自己。她觉得，她虽然想入党，但还不具备入党的条件，自己还太幼稚，在一些方面不能起党员的模范带头作用。于是，她把入党申请书放进抽屉里，把这个愿望埋在心底，用行动创造入党条件。直到上了大学，她觉得自己成熟一些了，才重新写了入党申请书，参加到党的光荣的行列里来。

　　（参见王行娟著：《李敏·贺子珍与毛泽东》，中国文联出版公司 1993 年版）

"严" 在学习上

李敏在爸爸身边，爸爸要求更严。

这种严不仅表现在爸爸对她的生活、学习的要求上，还表现在爸爸对别的事情的处理上。

当然，爸爸的严是爱。

现代汉语补过了，爸爸还要让她补古汉语，他对娇娇说："古文一定要学好哇，中国文化博大精深，不学好古文怎么能了解中国文化呢？你要做个有文化的孩子哟。"

学古文，难度更大了。娇娇不得不放弃了自己爱好的体操、美术、舞蹈、钢琴，一头扎进古文的学习中。

爸爸给她下了死命令：必须通读《红楼梦》《水浒传》《西游记》《三国演义》，而且只准读中文版本，不准读外文版。

她照办了，开始啃这些大部头。

这些书都是深受中国老百姓喜爱的，书中的故事吸引人。可李敏读时很难感受到其中的美和趣味，因为读起来太困难了。

读《三国演义》时，因为故事线索复杂、人物众多，而且年代拉得又长。她读着读着，就搞不清三国哪一国打哪一国了，反正三国在她脑袋里乱了套。她实在读不下去了，她想告诉爸爸，请他网开一面，饶了她。

"我看《三国演义》都看糊涂了，谁叫什么我都记不清了，我想请爸爸'赦免'我吧。"她对爸爸说，口气里有商量、有哀求。

"糊涂了？好哇，那你就再从头看，直到看明白为止。"爸爸这样回答她，她失望极了。

没办法，她硬着头皮继续读下去。

爸爸对她，不但提出要求，严厉地督促她，还给她以实在帮助。

他特意给她请了一位老师，教她读唐诗、宋词、元曲以及其他一些古典名著、名篇。凡是应该掌握的古文知识，都要教她。

俗话说，师傅领进门，修行在个人。

她不单靠老师，更多的是凭自己的毅力刻苦学习。

渐渐地，她了解了一些爸爸读书的故事。爸爸不仅在小时候读书刻苦，即使在革命奋斗的年月里，也一直坚持刻苦学习，他几乎是什么都学，文学、历史、哲学，甚至英语。读书使他了解了中国乃至世界，使他成为一个了不起的诗人、书法家。一次，她去书房看爸爸，见爸爸正在看书，她突然注意到，爸爸的书房里几乎全是古书，全是线装的老书，很多书都夹着条子，记着哪一本书看到了哪一页。看到爸爸这么忙，还抓紧时间看书，她终于明白爸爸为什么要求自己这么严格了。

见女儿读书辛苦，爸爸心疼了。有一次，她读到夜深，爸爸悄悄地出现在她身后，摸着她的头说："累了吧?"

她说："不累。"

"累了就休息，要注意休息，劳逸结合，不要一头扎进书里就不出来，应该能扎进去，又跳得出来。"爸爸语重心长地说。

"你应该学会下跳棋，跳跳舞，轻松轻松。"爸爸又说。

多年以后，李敏在回忆这段往事时，对爸爸毛泽东充满了感激之情。她感到爸爸给了她一生中最重要的东西，那就是知识，知识是人生中至关重要的财富。

多年以后，她仍能记得那位给她补古文的老师。他水平很高，上课雷打不动，对李敏要求十分严格。当然她的语文知识的提高还得益于她所接触的人，父母的战友、大哥大姐、小弟小妹、爸爸身边的工作人员。她把他们都看作老师——中文老师。

在那个年代，可玩的东西不多。为了让女儿能休息好，爸爸还常带她去参加中南海举办的舞会。爸爸还有一个用意：让李敏常到公共场合接触人，这样才能身心健康。

在舞会上，李敏见到了周恩来伯伯、朱德伯伯。周恩来伯伯跳舞潇洒自如，转得快。朱德伯伯的舞姿悠然自得、稳健，并且爱往前走，大家称他的舞姿为"推车式"。

爸爸跳舞动作幅度大、有气魄、左摆肩、右摆肩、大跨步。大家戏称他的舞姿为"摇摆式"。

这是大人的世界，李敏并不习惯。

有几次，她陪爸爸到舞厅，坐一会儿后，就悄悄地溜走了。后来，爸爸发现了她的"秘密行动"，就问她：

"你为嘛子走了？"

"我不会跳交谊舞。"她说。

"三人行必有我师，向人学嘛。"爸爸说。

后来，妹妹李讷等人当了她的舞蹈"教官"，这样，李敏才学会了跳交谊舞。

爸爸很高兴。再到舞厅时，乐曲一响，爸爸就让她陪自己跳第一支舞曲，看见李敏娴熟的舞技，高兴地说："对头，这叫劳逸结合。"

爸爸身材高大，在他面前，李敏显得特别娇小。在爸爸摇摆、大跨步的舞动中，李敏手忙脚乱，常踩爸爸的脚。每踩一下，李敏就不好意思地看爸爸一眼，爸爸就冲她笑笑，就又摇摆了起来，李敏就又受了鼓舞般地随着爸爸跳起来。

放松归放松，但李敏对自己的要求毫不放松，她知道爸爸的意思，放松就是为了让她更好地学习。所以，她在爸爸书房补课时，旁边有个乒乓球桌，她却不去玩儿。斯大林送给爸爸一台电视机，她也不看，只是专心致志地学习。

（参见王桂苡：《毛泽东的女儿李敏》，辽宁人民出版社 1997 年版）

"我和女儿来参加劳动了"

1949 年 7 月初的一个傍晚，毛泽东带着女儿李敏走进了双清别墅东门外警卫战士们住的院子，对正在浇菜地的战士们说："我和女儿来参加劳动了，你们欢迎吗?"

"欢迎! 欢迎!"几名战士高兴地喊起来，不料，其中的一名战士却说："不欢迎!"

"为什么呀?"毛泽东笑着问他。

"因为……"那名战士说，"主席是办大事的人，这点儿小事情用不着您亲自动手……"

毛泽东依然笑着："事无巨细，必在躬亲。小中也有大嘛，没有众多的小事情，哪有那么多的大事情呀?"

说"不欢迎"的那名战士也表示欢迎了。在一片说笑声中，毛泽东和女儿也同战士们一样，挽起了袖子，父女俩共同拎了一只水桶，提水浇地。

李敏穿着裙子，提水走路不方便，加之毛泽东的身材高、迈的步子大，父女俩拎着水桶不同步，桶里的水总是晃出来洒在李敏的裙子上和毛泽东的裤腿、布鞋上……战士们见了，纷纷上前去抢毛泽东和李敏手中的水桶，坚持不让父女俩再干了，可毛泽东却说："劳动么，总会弄脏衣服的。不妨事，我小时候劳动是不穿鞋子的，劳动可以锻炼人呢!"

浇菜地归来，毛泽东的裤腿和李敏的裙子，还有父女俩脚上穿的鞋子全湿了。阿姨在院子里看见了，一个劲儿地埋怨跟来的警卫战士们："怎么让主席和娇娇被水弄成这个样子? 为什么不把水桶抢了?"

战士们也不解释什么，只是同她开玩笑地说："你有本事你去抢了主席的水桶试试! 你要能抢得过来才怪呢!"

滴水见太阳。从这件小事可以看出，毛泽东是如何培养子女热爱劳动的。

(参见邱延生、邱江楠著:《毛泽东和他的儿女们》，人民日报出版社 2011 年版)

李敏衷心感谢爸爸

在所有人的眼里，像李敏这样的孩子，应该是世界上最幸福的孩子，该是饭来张口、衣来伸手，穿绫罗绸缎，吃山珍海味。

可谁能想到，她竟跟普通人家的孩子没什么两样，有的方面甚至还不如普通人家的孩子。

爸爸为这个家庭营造了一种特殊的家风，在这个家庭里，看不到特权、享受，更看不到优越感。艰苦奋斗、勤俭节约之风从爸爸手中一直传承下来。

多年以后，作为普通人的李敏为此感念爸爸，是他使自己在未来的生活道路上融入大众、融入芸芸众生之中。

李敏家的餐桌可以说是中华第一家的餐桌，这张餐桌上摆的都是什么呢？

其实是极其简单的，早餐是和全国多数人家一样的"老三样"：稀粥、馒头、小咸菜。

一次，有人给他们家送来一些可可、咖啡和奶粉。厨师就趁机给大家特别是给几个孩子换换口味，改善改善生活。一天早上，厨师煮了一小壶香喷喷的咖啡，冲好了奶粉，把平时的馒头换成了面包，并在面包上抹了点黄油。一切都准备好了。

这样的饭食对别人也许无所谓，但对李敏却格外有吸引力。李敏在苏联时，几乎天天吃面包，都习惯了。回国后在饮食方面并不习惯，好不容易才适应了。

这次看到了这样新鲜诱人的洋式早餐，而且水平不低，李敏高兴极了，就和大家开开心心地吃了起来。

李敏一口气吃了四片面包，喝了两小杯加了奶粉的咖啡，感觉好极了。她对厨师说了声"谢谢"，就高高兴兴地骑着自行车上学去了。

一路上，她心里想这下可好了，早餐终于变得丰富多彩了。

哪知道伙食只改善了几天，李敏和李讷等人就被爸爸叫到一起，说要开个家庭生活会。

爸爸先让厨师报了一下这几天的账，发现超过了每天的规定标准。

爸爸严肃地说："伙食标准定的多少就是多少，什么时候也不能超，随便超了是不对的。"

李敏等人和厨师一起接受了毛泽东的批评，早餐又恢复成了"老三样"。李敏他们后来干脆就搬到机关食堂吃大灶去了。

李敏从小独立生活，尤其是在延安保育院和国际儿童院里的锻炼，使她具有了生活自理能力。回国后，爸爸又让她独立做事，所以，她的独立性已经很强了。

李讷九岁的那个夏天，李敏从外面回来，见到爸爸正在给李讷洗澡，就对李讷说："你那么大了，还叫爸爸给洗澡？"

爸爸一听，手便停住了，好像刚刚反应过来似的，他说："对呀，不要再让爸爸给洗了，讷娃自己来洗嘛！"

说完，他转身就离开了。

李讷坐在澡盆里没人管，便哭了起来。

李敏紧张了一下，心想，这可惹了祸了。可她又一转念，自己的话其实并没有错啊，还是让妹妹培养培养自己动手的习惯吧。

后来李讷真的自己洗了起来。

原来，他们家里那时只有爸爸那间房间里有个洗澡盆。她们要洗澡都要一个个安排，从那以后，她们每个人的屋里都安了洗澡盆。李敏高兴地对李讷说，这多好，爱泡多长时间都行，不用排队等了，是吧！李讷冲她笑了，姐妹俩又和好如初。

经过艰苦的努力，李敏的学习突飞猛进，很快她就从育英小学的二年级一跃跳到八一小学的四年级。一年以后，她又跳到了六年级。1953年秋，她升入了北京师范大学附属女子中学。

中学期间，李敏参加了学校的文艺宣传队。她很有表演才能，但是学校不能让她当话剧队的演员，因为她的汉语说得不是很流利。

她身段美，舞姿好，于是被学校选为舞蹈演员。

有一次学校组织联欢活动，排练《采茶舞》，她舞跳得好，当然是要参加的。联欢会开始了，随着伴舞的音乐和歌声"百花开放好春光，采茶的姑娘满山岗，手提篮儿来采茶，片片采来片片香……"，出现了一个既活跃又美丽的小姑娘。她舞步轻盈，舞姿优美，一招一式那么合拍，一颦一笑那么动人，水汪汪的双眼溢出真情，灵巧的双手如蝶翻飞……

人们惊奇地发现，她竟是平时不声不响更不笑不闹的李敏。不待她谢幕，一片喝彩声，同学们都围上来评说道：

"真没想到，你还有这招儿！"

"你的舞跳得还真棒！"

"不舞则已，一舞惊人。"

人们七嘴八舌地议论着，她却只是微笑。

有一年，新年联欢表演水袖舞，舞蹈队员们要穿统一的服装。这些服装是从文工团借来的，美丽而大方。可到了演"瓶舞"时，服装要求又变了，必须是多样化的，越驳杂越好。这就麻烦了！上衣是统一的白衬衫，这谁都有。可要人人都穿上漂亮的花裙子，就把李敏难住了，上哪儿找呢？她们姐妹俩，除了学校发的黑色背带裙子和家里给做的一年四季不变的蓝色学生装外，再没有别的衣服，更没有漂亮的花裙子。

上台吧，她没有花裙子。不上吧，她练了那么长时间，付出了心血，占用了许多课余时间，实在有点不情愿，队友们也在为她着急。

"怎么办呢？"一个同学急得直打转转。

"真怪。你怎么连条漂亮的花裙子都没有？真是不可思议！"另一位同学感到惊诧。

她低着头，能说什么呢？说她自己不想参加演出，这谁也不会相信；说她确实没有花裙子，凭她的家庭背景，更是谁也不会相信。

"我真没有。"她摇摇头，有点无可奈何。

"借！我到别的班给你借条花裙子。这事包在我身上。"站在她身边的同学一曼说。

第二天，李敏穿着一曼借来的花裙子参加了新年联欢会，圆满地完成了文艺队的演出任务，但她心里却有一种难以言说的滋味儿。

这事不知怎么传到了家里，江青知道了。江青就让工作人员为她姐妹俩每人做了一条红裙子。

这红裙子就成了姐妹俩节日的盛装。每逢"五一"或"七一"参加庆祝游行时，参加欢迎外宾时，她们都穿着它。

少女爱美的心同这条红裙子融在了一起。她感到了欣慰与满足。

李敏在这个家庭里成长着，在爸爸的引导下学习着。她感谢爸爸带给她那么多人生教益，教她以普通人的心态去生活，去看世界。因此，她才有可能在以后的人生中找到生活的真谛。

（参见王桂苡著：《毛泽东的女儿李敏》，辽宁人民出版社 1997 年版）

谦逊低调生活的李敏夹着尾巴做人

毛泽东、贺子珍去世了，他们带走了李敏在过去岁月中的痛苦和忧虑。正因为李敏是他们的女儿，也就注定了她的生活不会平静。

然而，这一切的一切都过去了，当这过去的一切成为回忆时，美好就会浮现出来，构成她生活、精神所依赖的支柱。于是痛苦不再是痛苦，忧虑不再是忧虑。原来，这就是李敏生活的本身啊！

时间的车轮呼啸着从人们生活中碾过。时代的背景转换了，李敏和其他许多人一样，已不再是生活的核心。她现在退休了，从毛泽东的女儿到普通百姓，这是一个多大的转变，然而对于李敏而言，这个美丽的转身她早已完成。

从懂事起，她就以普通人的心态生活着。

如今，李敏很少在社会上抛头露面。她不愿意接受记者的采访，从不打着伟大父亲毛泽东的旗号去做任何事情，也从不借着资历极深的妈妈去提任何要求。她说："我的爸爸妈妈的确很伟大，但我却很普通。普通到和大街上的每个公民一样，有什么可以炫耀的呢？"

翻看李敏的相册不难发现，她与毛泽东的合影有不少，但她要么远远地站在后面，要么就躲在哪个夹缝中，有的只露个侧脸。问她为什么这样，她说："那都是随爸爸外出视察时照的。爸爸下去视察，对当地人是个极大的鼓舞。和爸爸在一起拍照、留影，是那些单位和个人的光荣，他们会将这照片当作珍贵的历史保存下来。你说，我站在前面，算什么呢？我觉得那么做不好。所以，每当遇到这种场面时，我都是躲得远远的。我可不当那油画上的'苍蝇'。"

"苍蝇"的故事，李敏讲起过，不知她是从哪里听到的。一个画家画了一幅特别好的油画。正当他要收笔时，一只绿头苍蝇飞过来，一头撞在画的正当中。油彩粘住了它的腿、翅膀。画家急得满头是汗，轰不走它，赶它不飞，拍死它吧，就毁了这幅画，多少个日日夜夜画的，也就白费了。画家急得没办法，就自言自语地说："该死的苍蝇，就让你借着油画放光彩吧！"说完，他收了笔，拿着这幅沾着只苍蝇的油画参展去了。

后来，人们观看这幅油画时，总是赞美油画，厌恶苍蝇。

李敏不想借着爸爸的崇高威望为自己增光添彩。

毛泽东有几次发现李敏往后躲，就主动把她拉到自己身边，告诉她说："要向工人学习。"在鞍钢参观技术革新展览时，毛泽东把她拉过来，让她看看，好好学习学习。这次她算是"露了脸"——拍了张正面照片。

说起外出照相，她又讲了一个笑话。那是在新中国成立初期，有一次她跟朱德爹爹去首钢。首钢的工人为防止国民党破坏钢炉，就用钢水把它封了起来。

到首钢后，朱德走在前头，李敏跟在他身后。他对工人说："解放了，工厂是我们自己的，封起来怎么炼钢哟？"一位工人说："这是当时给国民党看的。不然他们就要毁炉啦！这一封，这个炼钢炉就保存下来了。"听了他的话，朱德笑了，一旁的李敏也跟着乐了。

后来，发消息时，李敏被写成了朱德的女儿。人们见到朱敏时，奇怪地问："老总的女儿怎么几天就变大了呢？"朱老总笑笑说："我有两个女儿，一个是朱敏，一个是李敏。"

"我也有往前跑，抢镜头的时候。"李敏笑着说。

那是在北戴河，她刚学游泳，时间不长，急于下水。一听说安排游泳，她高兴得把游泳衣卷好，夹在腋下就往前走。她迈着大步"抢"得来劲儿呢！

还有一次她跟爸爸外出，还像往日那样，要么就躲在大人们的身后，要么就闪在一边，听他们说着，笑着。突然，她发现前边有条蛇，探着头趴在路边。说时迟，那时快，平日连个小虫都不敢惹的她，也不知道哪儿来的那么大勇气，那么大胆，一步跳到前面大声说："有蛇！"

爸爸和陪同人员一惊，仔细看去，原来是条小蛇。正在这时，有人给照了一张相。

这次是正面像，傻傻的。

李敏从小就是这样一个人。

爸爸、妈妈生前常常叮嘱一些话，李敏至今仍记忆犹新。成年以后，爸爸毛泽东和她谈心，几乎每次都要告诫她："必须夹着尾巴做人，因为你是毛泽东的女儿。"她把这句话当作必须遵守的生活准则。

1964年在江西，李敏去参观革命历史博物馆。由于中途遇事耽搁了时间，等她赶到博物馆时，只差半个多小时就闭馆了。按规定，管理人员不允许她和陪同人员再进馆。陪同人员小声对她说："告诉他们，你是毛主席的女儿，他们还能不让你进去吗？再说明天咱们还有别的事。"

"不行，不行，千万别这么说，"她赶紧制止说："咱们好好和人家商量商量。"于是，她走上前去，十分耐心地向管理人员说明情况，说她们是远道来的，路上耽误了时间，明天还要离开这儿，就今天这么一点时间，能不能通融一下，让她们进去看看。她还一再表示她们一定抓紧时间，赶在闭馆前参观完。管理人员被她的恳切态度所感动，破例允许他们进了馆。

在一个展台前，讲解员指着毛泽东在各个历史时期的照片，认真地解说着。忽然，讲解员停住了解说，两眼紧紧盯着李敏看，又回过头看看照片上的毛泽东，脱口而出："真像啊，您是北京来的？您是……"陪同人员怕她为难，连忙上前说明："她是毛主席的女儿。"讲解员怔住了。李敏微笑着握住讲解员的手说："我叫李敏。你讲得很好，谢谢你，请你继续讲下去。"

事后谈起这件事，李敏风趣地说："我从不愿意向人家说我爸爸是毛泽东。这张脸被人认了出来就不能怨我了。这张脸是爸妈给的，我也没有办法。"

还有一次，李敏因病住进了三〇一医院妇科病房。病房来了新病人后，院方只好把她转到内科。内科病人也不少。医生们商量后，干脆把她送到了暂时空着的外宾病房。

住进外宾病房后，护士看她不像外宾，觉得怪怪的。因为病情加重，她又被送进了高干病房。

护士见她年龄太小，不像个高级干部，几个人在一起小声嘀咕起来。

她们说说看看，看看说说，不断地端详她。

李敏想告诉她们：她李敏是一个普通军人，只是因为病重才被送到这里来的。但此时，她虽然心里明白，病痛却使她一点也不想开口说话。她想，随她们去说吧！她看了看她们，就又闭上了眼睛，静静地休息。

护士边收拾东西边说起话来。

"我好像认识她。"一个说。

"她刚住进来，你怎么能认识她呢?"另一个问。

"不，我是见过她，她太像一个人了。"一个说。

"别逗了，谁还不像个人? 人家是病人。"另一个说。

"不，我一时说不上她像谁，让我想想。"一个说。

听着她们的对话，病床上的李敏笑出声来。

"我像谁? 像我自己。小时候同学们都叫我塌鼻子、扁扁脸。"她勉强打起精神跟护士搭话。

"你不是塌鼻子，你长得挺漂亮的。"护士说。

"在外国孩子眼里，我鼻子不如他们的高，我的脸比他们的扁，所以他们才这样叫我的。"李敏说。

"你是从外宾病房转来的，还真是外宾呀? 难怪你不像高干呢。"护士说。

"这，这怎么说呢?"李敏一时不知怎么说好。

"我真的觉得你面熟，好像是在哪儿见过你。"护士说。

"和谁面熟啊?"医生进门就问。

"和她呗。"护士看着李敏说。

"你先休息休息，过一会儿我给你检查一下。"医生说着冲李敏笑了笑，接着转身跟护士小声说了几句什么话，声音很低，很小，李敏没听见。

这时，两个护士红着脸冲她笑起来，一个说："我说嘛，我见过你。觉得特别面熟。"

"你长得真像毛主席。"另一个说。

"原来你是假外宾。"一个说。

"没办法，爸妈给的这张脸又让人家认出来了。"

李敏的话，逗得医生、护士都笑起来。

当了母亲后，她也严格教育自己的子女，从不允许他们有一点特殊化。她有一儿一女。儿子继宁已经成家，有了一个活泼可爱的小女儿。李敏当上了奶奶。女儿东梅即将大学毕业。继宁和东梅都是普普通通的干部和学生。

在儿子继宁很小的时候，有一次他们全家和江青一起外出参加活动，汽车经过天安门时，继宁天真地告诉江青："毛主席就住在这里边。"江青很生气地诘问李敏："他怎么这么说话？"李敏坦然地回答："老百姓都这么说。娃娃是普通老百姓，所以也这么说。"

继宁长大后，大家都说他长得酷似外祖父，他也学着妈妈的方式回答："这是爸妈给的，我也没有办法。我是长得像外公，可我从来不打外公的旗号。"

女儿考大学时，李敏对她说："我只能找人帮你补课、复习，别的就没法管了。你谁也别靠，还是靠自己。"孩子明白妈妈的意思，一直凭自己的力量奋斗。

（参见王桂苡著：《毛泽东的女儿李敏》，辽宁人民出版社 1997 年版）

寓教于乐

毛泽东对子女的教育，往往是引导式的，让孩子们自己去领会。他常常引导他们从中国古代文化中吸取精华，摒弃糟粕。优秀的传统思想要继承下来，要做到古为今用，他想在提高孩子们的鉴赏能力、欣赏水平的同时，也使他们借此培养好的思想品德。他希望用优秀的传统文化来教育子女怎样做人，做个什么样的人。

对于古装戏，年轻人喜欢的不多，听得懂、看得出门道来的就更少了。李敏和孔令华（李敏的丈夫）也不例外，特别是李敏，对中国历史上的典故，知道的更少些，看起、听起古装戏来，难度自然就更大。

有一次，李敏陪爸爸听相声大师侯宝林说相声。事后她说：别人是听得高兴才笑，她是从动作和神态上看出笑料来。

她对传统的东西不感兴趣，尤其是对京剧，她更觉得难以理解。毛泽东知道女儿在传统文化方面底子薄，却不止一次地让她看京剧《打金枝》。

"有错误，批评就是了，干吗要打呀？打人的戏，我不爱看。"她曾这样讲过。

但这是爸爸的意思，她也只好去看了，还真看懂了。

《打金枝》讲的是唐朝的事。唐朝有个大将叫郭子仪。他武艺高强、勇敢善战，他率领的部下，也个个似猛虎般英勇。在与敌人的战斗中，郭子仪屡战屡胜，屡立战功，使敌人闻风而逃。这样一员大将，当然备受皇上的赏识。

皇上非常器重郭子仪，将女儿嫁给了郭子仪的儿子郭暧。

年轻的夫妻互敬互爱，他们生活过得和和美美。有一天，为一件事郭暧扬手打了公主一记耳光。打了公主，闯下了大祸，郭子仪吓坏了。

郭暧为什么打公主？事情原来是这样的：郭子仪要过生日。按传统礼仪，晚辈为长辈祝寿，要行跪拜礼。所以，祝寿那天，当郭子仪和老夫人

笑逐颜开地等着儿子和媳妇拜寿时，儿子跪下了，公主却站在那儿不跪。二老不解其意，儿子拉了一下公主，示意她赶快跪下行礼。公主却面有难色，迟迟不肯跪拜。

郭暧是个孝子，见状大为不满，起身扬手一巴掌打在公主脸上。他想：你怎么这样不懂事理，没有孝心！

公主双手捂脸，跺着脚儿大哭起来，心想：我是堂堂公主，皇上的女儿，怎么能给皇上的臣子下跪？再说，长这么大，连父皇都不碰我一指头，你小小郭暧竟敢动手打我！

好好的一个祝寿场面，一下子变成了这个样子，是郭子仪没有想到的。他怒斥郭暧，哄劝公主直到她破涕为笑。

这件事要是放在一般家庭也就这么结束了，可郭家不是一般家庭，郭暧打的是妻子，可又是公主，是当今皇上的掌上明珠。金枝玉叶岂是你郭暧打得的？身为大将的郭子仪越想越不对劲儿，越想越害怕，皇上要是知道了这件事，一句话就会祸从天降，犯上是死罪，要满门抄斩的……

于是，郭子仪将儿子五花大绑捆起来，亲自送他前往皇宫，请皇上发落。

听完郭子仪的陈述后，皇上缓步走下殿来，扶起郭子仪笑问道："依你看，该怎么办呢？"

"听候皇上发落。"郭子仪说。

"是打板子，还是斩首？"皇上说着，走到站在一旁、怒气未消的公主面前。

"父皇，依孩儿看，还是打，打……"公主既想让父皇教训郭暧，又舍不得重罚他。

"打得好！是吧！"皇上一句话，几个人悬着的心全落地了。公主笑了。

"郭爱卿，这是年轻夫妻的事，还是不管为好。"说着，皇上又转向公主："孩子，你既嫁到郭家，就是郭家的人了，就要按郭家的规矩办事。"

"来，来，亲家翁，这边相叙。"皇上说完，拉着郭子仪走开了。

这部戏显然是一部劝诫之作。它要年轻人懂得孝悌之道，即使是金枝玉叶，也不例外。李敏看出了戏中这思想，也明白了爸爸让她看这部戏是出于怎样的考虑。

许多年以后，讲起这段往事，李敏还是觉得很有意思。她说："爸爸可能是怕我不孝敬公婆，才让我看这出戏的。在公婆面前我是不会下跪的。我们这个时代早不时兴这种礼节了，我是个军人，要按照军人的礼仪办事。我不对他们下跪，但我代之以军礼。"

1962年，李敏的儿子出生了，小家伙的到来，为李敏和孔令华增添了欢乐。同样，也像普通人家一样，隔代人的到来，更让老一辈感到欣喜。毛泽东特别喜欢这个胖宝宝，工作之余，他常常走到李敏的房间里看看外孙。要是孩子睡着，他会长时间地站在旁边，仔细端详，真有看不够的劲儿；要是孩子醒着，他就弯下腰去，脸对脸地逗逗他。有时，他高兴地用手指碰碰孩子嫩嫩的小脸蛋，"娃，该叫什么名呢?"他自言自语地说道。

正式给孩子起名时，毛泽东说："给娃起名，不要用我的字，也不要叫什么豹娃、虎娃之类的。娃是国家的未来，是我们的希望，是来接我们的班嘛。接班就要继承事业，跟着我们走嘛，意思明白了，不过，具体该叫什么名还是要娃爷爷来定。"

孔从洲老人就给这个宝贝孙子起名叫继宁。在襁褓中的小家伙，可不知道他的名字是由伟人外公和将军爷爷共同起的。

（参见王桂苡著：《毛泽东的女儿李敏》，辽宁人民出版社1997年版）

毛泽东的独立生活观

李敏说，毛泽东一向主张孩子们独立生活。

虽说我离开中南海，离开爸爸家，离开爸爸，是实属无奈，爸爸从心里讲是舍不得让我走，哪位老人不想儿女绕膝呢？但爸爸对我们的爱，不只看眼前，他从长计议，要我们接触社会，接触群众。将来能自立于社会，就必须早早独立生活，靠在他的大树底下生活的日子是不能长久的。最后，尽管爸爸也心痛，心里也不愉快，还是忍痛同意我离开家，像普通人一样，开始过上独立的生活。

这样的"苦"日子不好过，可当我看看我的左邻右舍，我发现他们也都一样，一些跟我年龄相仿的，她们也并不是一开始什么家务活都会做，都能做，也是吃过"苦"头的。现在她们不是把家料理得挺好，生活安排得有序，饭菜做得也挺香吗！我向她们学习，总有一天我也会像她们一样，有条不紊地、顺顺当当地挑起家庭主妇的重担。常言道：有志者事竟成。我相信，我能做到，我时时这样鼓励自己。

有一次回到中南海见到爸爸时，爸爸高兴地望着我笑。他上下打量着我，良久没有说话。

"坐，坐。"爸爸对我说。

"您看什么呀？"我边坐边问爸爸。

"看看我的娇娃长大了没有？看看我的娇娃长本领了没有？"爸爸笑笑说。

"我学会了做饭，学会了炒菜。"我也挺高兴地对爸爸说。

"好，好。靠我不行。靠自己的双手什么都能办到。"

"天下无难事，只怕有心人。"爸爸说完又乐呵呵笑了起来。

我想，这可能是爸爸对我的独立生活的试卷评分吧！为此，我也感到满意，因为我没有辜负爸爸对我的教导与期望。

　　1965 年，爸爸曾一再对我们提到："干部子弟是一大灾难。"当初我是怎么想也悟不出这句话的深远含义。我想，生在干部家庭的子女，就称为干部子弟，无非是他们的生活环境好一些，生活条件优越一些。吃的、穿的、住的都无须自己发愁，因为他们的父母有薪水，他们靠父母的工资养活。工人、农民子弟，相对来讲，他们的生活环境、生活条件差点，与我们相比，可以称为"苦"点，可是我们怎么就是"一大灾难"呢？

　　当独立生活之后，我渐渐明白了这句话的道理：在爸爸的身边时，虽然我们都被爸爸"赶"到大食堂吃饭去了，但仍然过的是衣来伸手，饭来张口的生活。而工农子弟却朝夕生活在劳动群众中，劳动者的优秀品德，他们是耳濡目染，他们早早就跟在父母的身前身后，参加了力所能及的劳动，早早就懂得了生活，并且学会珍惜生活。"穷人的孩子早当家"就是这个理儿。

　　平凡生活的锻炼，使他们懂得劳动的伟大与光荣，培养了他们勤劳、朴实、忠厚、诚实的优良品德。而我们所缺的，恰恰就是实践。这是最重要的一课。

　　这又正是爸爸再三再四强调要我们到实际生活中去锻炼、去学习的根由。

　　爸爸是怕我们长期生活在这种优越的环境中，会借着父母的地位而飘飘然地忘乎所以；会借着父母的权势而目中无人地自以为了不起；会借着父母的荣誉，什么都不懂却哇啦哇啦地乱发议论。

　　这样的人，小而言之，害了自己，大而言之，害国害民。会给我们党、我们党的干部造成不良影响，会影响我们党在人民群众中的威信，会使我们党的干部与群众离心离德，会使我们党的事业受到损害。这难道不是"一大灾难"！

　　我粗浅地悟出了爸爸这句话的道理所在，我也真正明白了爸爸为什么一贯如此地严格要求我们，严加管教我们，再三再四强调要我们夹着尾巴做人。小而言之，为我们，大而言之，为国家。

　　爸爸的教诲使我至今难忘，爸爸的教育使我终身受益。

　　（参见李敏著：《我的父亲毛泽东》，辽宁人民出版社 2000 年版）

对子女进行传统式教育

李敏回忆说，在他们兄妹中，大哥岸英、二哥岸青和她在苏联生活的时间较长，接受的又是欧式教育，加上受苏联人开朗、豪爽的性格影响，待人接物的方式有些欧化了。

我因为从小跟着妈妈，受她的影响，我的性格文静、内向。

岸英大哥曾这样讲：

我刚到延安的时候，感到各方面都很别扭，生活上也不习惯，风土人情又都不了解。我又从小在外边流浪，是在无拘无束中长大的。再加上在苏联养成的待人接物的习惯，我们都欧化了，这与中国的习惯完全不一样。延安人看我也别扭，我一时也很难适应这种全新的生活环境，觉得一切都那么陌生。

开始，我与对方谈起话来，高兴时就旁若无人般地开怀大笑，遇到听不懂、搞不明白的时候，往往是耸耸肩，摇摇头，摆摆手。我又特别喜欢用手势来加重与人谈话的语气。这些动作，爸爸看到后很不高兴，认为是毛病。

当时我并没有注意到这点，也没有意识到这有什么不对。后来我才发现，我一抬手时，爸爸总是用他那双眸盯着我的手势，把我盯得很不好意思。

再后来，只要我一有手舞足蹈的动作，爸爸那双锐利的眼睛便又盯着我，搞得我莫名其妙很不自在。这是为什么呢？我想爸爸很可能是看不惯，或不喜欢我的这些动作。爸爸没有直说，只是用眼神来告诉我，要我注意，让我改掉！

果然叫我想对了。爸爸讲，你现在是在中国，在延安，不是在苏联。你要按照东方人的传统习惯行事。爸爸语重心长地对我说：

"年轻人在长辈面前，在年纪大的人面前，要文静，要规规矩矩地跟人说话，不可手之舞之足之蹈之也！"

听了爸爸的话，我开始注意起自己的言行来。慢慢地我也就习惯了中国式的待人接物的方式。有时候旧习惯也难改得彻底，在一定的场合时，我一忘情又会冒出手舞足蹈的动作来。每当这时，只要我一抬手，我的眼前就会出现爸爸那冷峻的目光，我就会立刻放下手，改正过来。

爸爸不仅让我改正了这些习惯，还让我穿上了他给我的旧棉衣棉裤，渐渐地我让爸爸给改造了，变成了一个内外一体的名副其实的"土八路"。

爸爸还教我按中国传统方式与人交往。爸爸对我这样说："你先去看看延安的老同志。见了人不要没大没小，年纪大些的，你喊他伯伯、伯母，叔叔、婶婶；最老的要喊爷爷、老爹爹、老奶奶；跟你年纪差不多的，你就喊哥哥，或称同志。不能随随便便就直呼人家的大名。"

听了爸爸的话后，我就到各个窑洞去看望老一辈人。

"周伯伯您好！邓妈妈您好！"

"朱爹爹您好！康妈妈您好！"

......

大哥说的一点也不错。我想起刚到爸爸身边不久，其实这种管教就轮到我的头上来了。爸爸对我进行中国传统式教育就开始了。

我刚到北平时，正值5月。我在苏联待的时间长了，培养了耐寒性，习惯寒冷的季节。北平的5月，对于我简直就像已经进入夏季一样，觉得天气很热。可再看看那些住在香山的人们，有的穿着毛衣，有的穿着绒衣，还有的穿着棉衣棉裤。我真感到奇怪，难道他们真的就不觉得热吗？

这样美好的天气，好节气，这样好的太阳，简直像是在苏联时的夏令营里生活一样，太好了。太阳光真是太宝贵了，我可要充分利用它。我就像当年在苏联日光浴一样，穿着小短裙、小背心，光着脚丫，晒太阳。多好的日光浴啊！

晒过了，我就穿着妈妈给我做的小裙裤，穿上小背心，赤着胳膊，光着脚丫在院外的小道上、树林间跑着、玩着，累了就又跑回家，在屋外的

院子里继续晒太阳。

这些，都让爸爸看到了，爸爸倒是没有像对哥哥那样对我。爸爸对我说："你这身打扮，太不成体统。要改改哩！"

我不懂爸爸说的是什么意思，我不明白什么叫体统。我只好抬头不解地望望爸爸。

爸爸走到我跟前，他没有批评我，而是关切地说："娇娃，现在的天气还太凉，不可穿得那么少，会着凉生病的。这儿的风很硬哩！这里不兴光脚丫，这地方地又不平，莫把娇娃的脚扎破了，快把鞋子穿上。"

后来，爸爸就把叶子龙叔叔叫来，他们说了些什么我没听见。反正没过两天，我就穿上了看起来还是比别的孩子洋气点的白底蓝花的连衣裙。这种衣服，在苏联常见，在那个年代的北平，却是很少见到。一双皮凉鞋虽然小点，穿上后有点夹脚，小脚趾头有点疼，我还是穿上了。

我看看自己这身打扮，心里想：这大概就是爸爸说的"成体统"了吧。因为爸爸见到后再没有说什么。

当然，爸爸也像教育大哥那样，让我喊这位伯伯，叫那位爹爹。所不同的是因为我的年纪小，没有让我自己去一一看望。多数是他们来同爸爸谈工作时，由爸爸带着我去见他们，由爸爸给我一一指点让我认识老一辈人。

我爸爸的家教严格，从我们兄妹的点滴体会中就可以看到了。

爸爸对我们的教育方法也不尽雷同。大哥大了，爸爸对他的教育是尽在不言中。这种方法对年纪尚小的我来讲，恐怕就不容易，而爸爸对我这样一个女孩子，则总是晓之以理，动之以情。

爸爸从来不把我们子女当作他的私有财产，从来都不主张把我们拢在他的身旁，靠着他这棵大树乘凉。更不允许我们以他的名义、地位、权势去为自己的生活、学习、工作诸方面寻路子、谋私利。爸爸总是把我们看成同其他人的孩子一样的，都是千千万万革命事业的接班人之一，视我们为人民的财富。

爸爸一再教育我们，任何时候都要记住，你们是我毛泽东的子女，处处、事事、时时都要夹着尾巴做人。爸爸把我们当作一个普通党员、普通工作人员，生活安排、工作去向完完全全由组织调动处理，从不让我们有一点特殊感。

跟爸爸在一起时，如果范围只是我们自己家庭的成员，我们就都放开了，无拘无束地跟爸爸一起欢聚。这时候，我们可以随心所欲地敞开自己的心扉，天南海北地同爸爸聊天。我们可以根据各自的兴趣、爱好，向爸爸提出各种问题。此时，爸爸可真忙活起来，一会儿跟这个说几句，一会儿又回答那个的提问，气氛活跃极了。这种场面就像是如饥似渴的求知的学生，充分利用课间这宝贵的十分钟的休息时间一样，围着爸爸问个不停，说个没完。爸爸是有问必答，答必让人满意。每每这时候，我们感到这是欢乐、愉快、让人难以忘怀的家庭团聚。

有时候，爸爸需要换换方式休息，我们也可以随心地跟在他的身边，跑在他的左右，共享这人间天伦。有时爸爸想玩玩扑克牌，我们虽然也会玩什么"杜拉克"之类，但都自知不是爸爸的对手，谁上阵谁成为爸爸手下的败兵。所以每到这时候，我们就得甘拜下风，退到一旁观战，看爸爸与身边的工作人员"战斗"了，有时还在一旁自作聪明地出点小点子，给爸爸支支招儿。这时候，爸爸绝对不责怪我们随意议论、插嘴。我们更多的时候则是忠实的观众；为胜利者鼓掌，为失败者加油就成了我们的光荣任务。

如果是因公外出参观、视察，爸爸认为带我们去可以利用这个机会对我们进行教育时，也会让我们相随而行。但绝对不许我们在他的身边转来走去，只能是在工作人员身后相随。在接见任何一级单位领导、代表时，不许我们抛头露面。这些都是要我们绝对遵守照办的。

我心里想，能跟着爸爸出去走走，见见世面，开开眼界，看看新事物就心满意足，哪里还敢存有什么非分之想。所以，多少次外出参观，虽然我们都跟着去了，但在新闻照片中，却很少留有我们的影子。

有一次，我跟着参观，一不小心稍微走得快了一点，稍不注意，占了一位工作人员的位置，并把他挤到我的身后了。这时，我发现爸爸看了我一眼。我以为是衣着不整齐，或是衣着不干净，有什么地方伤了大雅。我赶紧低头看看自身，一切都很正常。我就站在原位置没动。这时，爸爸又

扭过头来看我一眼。那眼神是严厉的，像含有不可抗拒的命令似的。这时我明白了，这是让我走开的意思。我就悄悄地退到了工作人员的身后，再也不敢往前面站了。

一切都结束了，在回来的路上，我心里觉得很不痛快，有股说不出的滋味儿。心想：我怎么了？我也没说话，也没吭声，不就是站在那儿一动不动呆着、看着吗？我没有越轨之举呀！我真有点搞不清楚自己有什么错，爸爸会用那种眼神看我。我确实是越想越有点生气，坐在那儿一声不吭。

"娇娃，想什么事哩？"爸爸突然问起我来。"没有，没有想什么……"我一时也回答不出来。我抬眼看看爸爸。爸爸还是带着往常那种和蔼可亲的笑容。我还是我，衣着还是刚才的衣着，没有什么变化呀？这是为什么？我忽然想起来，在家时，爸爸曾不止一次地这样对我说："有工作人员在我身旁时，你莫要随便站到我身旁把他们挤走，这是他们的岗位，是他们的工作，这是党分配给他们的任务，这是组织的安排。他们如果不在我的身旁，那就是失职，失职那是要挨批评的……"

这时，我才明白了爸爸当时为什么用那种眼神看我，那是在告诉我：娇娃，你该走开！那个位置是他们的！想到这里，我就自责自己太笨了，为什么刚才就没有往这方面想呢？死脑筋，要早想到，早离开那个位置该有多好。想到这，我又看看爸爸，我冲他笑笑。我的笑中含着歉意；我的笑中有着认错；我的笑中还告诉爸爸，以后我再也不会做那样的蠢事了。

我的心放宽了，因为爸爸的眼神告诉我他已经理解了我，原谅了我无意中的过错。

1960年的4月，我随爸爸去中南海瀛台，参观技术革新的展览会。这次我牢牢记住了爸爸说过的话，牢牢记住了上次的教训，时时提醒自己，不要往前挤！所以我总是跟在最后。后来，还是爸爸把我拉过来，要我仔仔细细地、认认真真地看工人的革新成果，这是一个很难得的学习机会。

这时，我才小心谨慎地站在爸爸的身边，才有了那幅正面的照片。这张照片，成了我露面的永久的纪念。看到它，就想起了爸爸，就想起了爸爸对我们的教导：要夹着尾巴做人，做一个普通人。

　　有一次，妹妹李讷因病要住院。爸爸告诉身边的工作人员：不许她报真名，更不许她提是毛泽东的女儿。为了避免医院对她有任何特殊的照顾，就给妹妹改名叫沈娟，对医院讲她是爸爸身边保卫人员沈同的女儿。

　　爸爸不许我们搞特殊。爸爸曾一再对我们讲："靠我毛泽东不行，还是要靠你们自己去努力、去奋斗。不要把我挂在你们的嘴边上去唬人。"

　　爸爸曾这样对二哥岸青讲："工作了，对同志们说时，你告诉人家，你是中宣部的翻译，不要说你是毛泽东的儿子。"

　　对我讲："你还在上学，告诉人家你是学生，不要说你是毛泽东的女儿。"等我参加工作后，爸爸这样告诉过我："告诉人家你是解放军干部，也不要说你是毛泽东的女儿。"

（参见李敏著：《我的父亲毛泽东》，辽宁人民出版社 2000 年版）

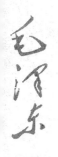

掉在地上的饭菜照样吃

　　毛泽东一生粗茶淡饭，睡硬板床、穿粗布衣，生活极为简朴。他要求别人的，自己首先做到。在自己生日的时候也主张从简，即使是饭菜掉在了地上，他也是拾起来吹一吹上面的灰，照吃不误……

　　1951 年 12 月 26 日，是毛泽东 58 岁的生日。这天下午，毛泽东特意叮嘱他身边的工作人员："全国都在搞节约，反对浪费，你们去告诉厨师，我吃的饭菜也要节俭，也不可以浪费！"晚上，毛泽东一家人围坐在餐桌前吃饭。饭桌上只有简单的米饭和 4 小碟素菜，没有肉。吃饭过程中，有一粒米饭掉在了地上，毛泽东弯腰捡起来放进了嘴里。

　　1952 年 4 月中旬，毛泽东开始到新六所办公，江青也在那里。一天，一家人在一起吃饭时，毛泽东将掉在地上的一小片萝卜用筷子夹起来，吹一吹灰土又放进嘴里吃了，女儿李敏、李讷见了想说什么，却听江青说道："主席，不是我说你，那么一小片萝卜算什么，你节约我不反对，可你这样不讲卫生，总改不掉老农民的坏习惯不好呢！"

　　毛泽东瞪了江青一眼："我就是老农民的儿子，没得办法哩！"江青见毛泽东不高兴了，也就不再说什么，而坐在饭桌旁陪着大人一起吃饭的李敏、李讷姐妹俩也只是看着、听着，谁也不多说一句话，内心却起了波澜。原来，毛泽东就是这样通过潜移默化来教育她们要勤俭节约，不要浪费饭菜。

（参见刘慧敏：《毛泽东节约不拘小节：掉在地上的饭菜照样吃》《看历史》）

李讷 篇

　　毛泽东的子女中，长大成人的有两个儿子、两个女儿，即毛岸英、毛岸青、李敏、李讷。李讷是在父亲身边生活时间最长的一个。1940 年，李讷生于延安。在毛泽东的子女中，李讷是享受父爱最多的一个，也是唯一一个在父亲身边度过完整童年的孩子。

　　1959 年秋天，李讷考入北京大学历史系。吃住仍然在北大，每个周末坐公交车回家，从不乘小车，星期六晚上与父母共餐。李讷刚上大学的时候，不少同学根本不知道她就是毛泽东的女儿。1965 年，李讷大学毕业，由于身体不太好，在《解放军报》挂了一个编辑的职位，也穿上了向往已久的军装。

　　1967 年之后，李讷实际上已经成为毛泽东个人的联络员或"代表"，负责了解北京各大学运动的情况，直接向毛泽东汇报。应该说在这个特殊岗位上，她也真的起了作用。1968 年北京大专院校红卫兵分成两派大搞武斗，互相抓人。在李讷向父亲汇报之后，毛泽东下决心以"工人、解放军毛泽东思想宣传队"的名义，集合工人和解放军进驻大专院校，强行制止武斗，此为后来的"工人阶级领导学校"之始。

　　1984 年，李讷与王景清决定结婚，摆了一桌酒席，请了叶子龙夫妇、李银桥夫妇等中办的七八位老人。许多在毛泽东身边工作过的同志都来祝贺。中央领导对李讷的婚事也十分关心，杨尚昆送了一床大被套和几斤巧克力，并以全家的名义写了贺信。

　　在家里，王景清几乎承担起了所有家务活，买菜买粮做饭，修门窗，拉煤块，还给李讷做了一条小板凳；冬天里也像普通人家一样买上几百斤大白菜，用板车推回来腌酸菜。

　　在文史方面，王景清与北大历史系毕业的李讷有着很多共同语言。晚年，他们还在一起练习书法。李讷跟王景清一样，都十分喜欢隶书和篆书，切磋书法便成了生活中的一项不可少的娱乐内容。

每天清晨，他们携手外出散步，锻炼身体，后来李讷因为腿疾，经常跌倒，散步便终止了。李讷从小瘦弱多病，加之坎坷复杂的人生经历，步入晚年后，精神状态欠佳，严重失眠，四肢无力，王景清就陪着李讷四处看病。曾经，在前往解放军 305 医院途中的公交车站，总会看到一对老人互相搀扶着去乘公交，那就是王景清和李讷。

王景清还买了一辆三轮车，蹬着三轮带着老伴上医院看病。人生聚散两依依，李讷夫妇品尝人生百味，感知多少生活冷暖。

李讷回忆在毛泽东身边生活的日子

　　李讷是毛泽东最小的女儿，人们常说父母最疼是小儿，作为领袖的毛泽东也充满常人的情怀，非常喜欢自己的这个"老姑娘"，甚至比常人有过之而无不及。延安的保育院、儿童院当时是非常有名的，可为了李讷能陪在自己身边，毛泽东没有把她送进去。

　　李讷回忆说：

　　当时在延安的时候，我不到入学年龄。再说，我父亲身边也需要有一个孩子。我的哥哥姐姐都在苏联，他身边一个孩子都没有，也需要有这么一个孩子在身边，活跃家庭气氛。所以我没有进过保育院，托儿所都没有进过。1947年初，我才6岁多，也没有到入学年龄，就跟着一起撤出延安行军。开始还跟着嘛，还跟着我父亲，过封锁线我睡得什么都不知道。战士背着我，都很紧急的，小孩不会骑马，把那个马鞍子前后弄一个铁架子，把我拿绳子捆在那个铁架子上。就这样撤出延安。开始还跟着，后来因为转战陕北，战争环境很艰苦呀，我们不能再跟着去，就撤到陕西河东，原来的120师的兴县吧，就是邓妈妈，叶帅，中央直属大队，由他们负责，我们都搬到那去了，走了一段，实在不行，所有的家属都撤回去了。

　　说实在的，这个发言权应该是父亲身边工作人员的，我那时候小，记不得很多了，只记得父亲很忙，让他休息，他也放不下手中的工作。很小的时候，我的任务就是让他休息，他太累的时候工作人员就把我推进去，我倒成了工作人员动员爸爸休息的一个法宝。爸爸见我，往往会放下手头的工作，逗我玩一会儿或者出门一起散步。我记得我最早学说话，有一句话就是"爸爸散步去"。我父亲进城的时候还说呢，你小的时候就会说爸爸散步去。我们之间还有一个别人不知道的小秘密，父亲常常叫我大娃娃，我则叫父亲小爸爸。我很小啊，就是一两岁，两三岁，就只能拽着他的一个手指头，拉着他散步。

李讷记得在这个小山村里一座用土墙围成的小院里，有几棵柿子树，几个幸存的大柿子高高地挂在枝头上，在阳光的照射下越发显得诱人。李讷和她的小伙伴们正眼巴巴地望着树上那几个幸存的柿子。

她们四处寻找着"武器"。

李讷拾起一块碎瓦片，瞄准那个最大的，猛地投了上去。燕燕和二娃（毛泽东的秘书叶子龙的女儿）也跟着，用碎瓦片向柿子树投去。一时间柿子树哗哗作响，有的瓦片落在平顶房上，三个孩子开心地笑着，投得更起劲了。

"哎哎！快回来！"韩桂馨用温和的声音制止着三个顽皮的孩子。她轻手轻脚地将三个孩子领出院子，小声责备道："你们哪，真是无法无天，毛主席正在睡觉呢！"

毛泽东是一个工作起来不知疲倦的人。

大人也劝，让我过去，让他休息。以后小孩慢慢也懂了，就让爸爸休息，就是到一定的时间，让父亲转移一下注意力吧。我要一去了，他喜欢孩子嘛，他就不由自主地跟孩子玩儿什么的。这样他就可以转移注意力，这样我就可以说"爸爸散步去"。我就拉着他的手，很小的时候，我这样拉着他的一个手指头。以后我逐渐长大了，然后拉着他的两个手指头，再然后拉着他的三个手指头，直到拉着他的整个手，就是这样慢慢长大的。

回想起来，和父亲一起散步真是享受。有时候散步的时候他就教我念诗，我稍微大一些嘛。他都教我读诗，"细雨鱼儿出，微风燕子斜"。天上下小雨了，鱼儿都出来了，就说这是"细雨鱼儿出"。这不是杜甫的诗嘛！然后风刮过来了，燕子在飞，然后就是"微风燕子斜"。就慢慢地教小孩，潜移默化的吧，在一边玩的过程当中教我读些。我在 10 岁以前没上过学，都是在家里父母和工作人员教的。

父亲对小孩的事情很感兴趣。我们在这里自己盖个小房子什么的，他

进来帮着我一起盖，这少一个窗户，他又帮我们搞一个窗户，说这家人还没有水呢，他就把那积了一潭水，用沟把水引进来，也是玩得两手都是泥。他很投入的，因为有小孩嘛！

我们上小学住校，就是育英小学，一个礼拜能回一次家。跟大家一样，开始用小车接，后来爸爸不同意，说不能搞这样的特殊化，后来就派大一点的面包车，能装十几二十来个小孩的，就一次接送中南海的小孩。中南海的小孩都坐这一辆车回来，不用小车接送了。

我们小学中学一直是在家里吃的，到大学以后，父亲就让我到食堂大灶去吃饭了，以后我们就再也没有吃过家里的饭了，都在食堂吃。

三年困难时期，父亲和大家一起同甘共苦，自己坚持不吃肉，不吃蛋，就是吃青菜，有好长时间腿肿得按下去都是很深的坑。因为我们住校，不是很清楚，了解得不是很详细，所以我回到家里偶尔吃一顿饭就不顾一切地狼吞虎咽，以为他们吃得挺好的，不了解。有的工作人员还伤心地抹泪。所以，后来我非常难过，我当时太不懂事，已经是二十几岁的人了，应该体贴老人嘛，结果我自己狼吞虎咽的。我不了解情况，父亲也一直不说，一直只吃青菜，自己的定量很低。我想他内心也是很难过的，只是他不说，这是他一个很大的特点，他只是做，不说。子女也是慢慢才知道，慢慢才明白。

毛泽东的教育方法也很有自己的特色，这一点，李讷有着深刻的记忆。

他很平易，也很民主，你可以随便地讲，你有什么想法都可以说，但是真正的大方针你必须听他的。你可以发表自己的意见，不是顶撞，就是孩子可以随便发表自己的意见。

现在想起来，可以说，没有那样的教育，没有那样的严格要求，就没有我的今天，我不可能有今天这样的精神状态和这样的心态。

反正我们在家里很随便，并不像人们讲的那样。主席也是父亲，我们也是子女，就跟你们家里的父母一样，在家里很随意。只是有一点不随意，就是他一睡觉我们都得踮着脚尖走路，我们都已经养成习惯了，不能出一点声音，都是小心翼翼的，除了这个没有任何别的。我小时候喜欢画画嘛，我非缠着他让他给我画画。他好像画了一个大白菜，我现在不太记得了，那个画现在也没有了。就是工作时间太长了，我们也去打扰打扰他。

父亲过生日我好像没有什么印象，因为他不怎么过生日，他经常外出，生日经常不在家里。我们只能是在他生日的时候表示一点自己的心意，画点画呀，做个什么小工艺品呀，表示一下心意。好像没有大家在一起吃饭什么的，这种情况记忆不深，基本上好像很少，有我也想不起来了。

记得我 15 岁时给父亲做过生日贺卡，就像现在的小孩叠纸星星、小纸鹤什么的，那个时候时兴那样做。我们那时都有手工课，学刺绣，不是都有丝线嘛，我就拿丝线把纸缠上，然后写几句自己心里的话，很简单，中学生也没钱，就表示这个心意，他就很高兴，不需要太多的什么了，就是表达心情，我爱他，我希望他好。他过生日了，我作为他的女儿，把自己要表达的心意表达出来。东西虽小，但是个心意，自己亲手做的。我还画了画，写了一个寿字，附了一封信给他，我不是当面交给他的，因为当时他在睡觉，我好像是请卫士放到他办公桌上的。

我受父亲的影响，喜欢文科，但一开始的时候，母亲叫我学理科。我喜欢文史，最后我觉得我还是别选文科了，我已经填了理科的表。他问我怎么想，我说我不愿意，我还是不能学理工科。父亲说，那你自己定，后来我又转过来学文科。

总的来说，他应该是希望我们学习好。好好学习这是他很早就提出来的。学生嘛，就是要好好学习，学好知识，将来为国家工作。

但是你要做得太过了他也有些想法，我在上大学的时候考六门，我全部都是 5 分，考试完回来就生病住院，父亲就有些看法，他说你不一定都是要 5 分嘛，你也可以有几个 4 分嘛，3 分也没有关系，你只要是总的功课是好的也就行了嘛。你像考察，你得了 4 分有什么关系呢，那又不是考试。他不喜欢你做得太过了，按他的说法就是过犹不及。你只要是主课得

5分就行了，别搞得太累就行了。

他不喜欢那种死记硬背呀，读死书呀，这些他不喜欢，他就是要实践一点。我们一去参加劳动，参加"四清"，他特别高兴。

他的原则就是你只要接触劳动人民，跟他们一起生活，共同劳动，你就是接触社会，你就会了解社会，这就是好，我参加了三期半"四清"。我是学文的，这个算我的基本课。

即使在学校，他也要我和群众打成一片，要合群。具体说，就是不要搞特殊化，要和普通人一样，学生也是群众。你要到那去联系群众，你的周围都是群众，你跟他们打成一片，合群，这也是联系群众啊。你不搞特殊化，这就是联系群众。学生的条件有限，我不能单独跑到哪个地方去单独联系群众去，是不是？

父亲对我们要求很严格，他对我们的希望也是很大的，他不希望我们做什么科学家、政治家、文学家，他要求我们做一个自食其力的普通劳动者。他说你们只要做到这一点我就很满意了。他的意思就是干部子弟有先天的缺点，你要克服它，不要纵容它，不要"骄娇"二气，自以为是。他自己就是很简朴的，我记得20世纪50年代，他的卫生间里的洗涤用品就是一块肥皂，就是固本牌的老肥皂，就那一个，别的什么都没有。他衣服上的补丁那么多，他不用说，你自己自然而然就那样了。我就是受他的影响，要勤俭、朴素，要求自己和群众打成一片，靠自己的能力学习，为国家做工作，自己养活自己。

我觉得他留给我们的精神财富是无价之宝，这比什么都可贵。我觉得我学得还太少，只是皮毛。我的孩子自己就是自食其力的普通劳动者，自己单过，他也心理不平衡，但是应该走上社会，自己挣饭吃，这个也做不到的话，你就是不合格。

"我们都是自食其力的普通劳动者"，我觉得这句话对我的印象太深了。我努力朝着这个方向做，只要我努力做到这一点，父亲就满意了。

（参见中共中央文献研究室第一编研部编：《温情毛泽东》，辽宁人民出版社2005年版）

孩子淘气是聪明健康的一种表现

1947年10月底，陕北的形势好转，江青去河东接回了李讷。

这时，带李讷的阿姨由高小毕业生韩桂馨同志担任。毛泽东说："李讷7岁了，现在的形势上不了学，怎么办呢？"毛泽东让小韩教李讷读书识字。

李讷回来后，见到爸爸特别亲热，还向爸爸表决心："好好学习，不淘气……"

毛泽东笑着说："好好学习是对的……乱淘气不行，有点小淘气还是可以的。孩子淘气是聪明健康的一种表现……"

一般认为"淘气"是个贬义词，是顽皮不听话的表现。可是毛泽东对这个问题不是简单地去看，他辩证地认为有点小淘气还是可以的，孩子淘气是聪明健康的一种表现……不能把淘气单纯看作是缺点，这就跳出了俗人之见，而从深层次中透视出"淘气"背后的积极意义。

毛泽东培养孩子自有他一套特殊的观点和方法，这也反映出他自身的成长经验和体会。

（参见孙宝义、刘春增、邹桂兰编著：《听毛泽东谈哲学》，人民出版社2012年版）

饭桌前教育五岁半的李讷

　　有一天，毛泽东住的窑洞窗户坏了，管理科立刻派了一位近80岁的老木工来修理。窗户修理好，吃午饭的时候到了。毛泽东留下老木工一起吃饭。和往常一样，在座的还有他的小女儿李讷，那时她5岁半。

　　饭也和往常一样，是"金银元宝饭"。这是毛泽东起的名字，因为小米干饭里掺了一点大米，还有几块白薯。菜也和往常一样，很简单，而且肯定少不了辣椒。毛泽东那天很高兴，吃饭中间，一直和老木工交谈。他问老木工是哪里人，参加八路军已经多久。老木工初上饭桌时有点拘束，但很快就谈笑自如起来。谈着谈着，老木工谈起了自己小时候挨打的事。他说经常挨父亲的打，有时候打过之后自己还不知道为什么挨打。他还谈到同村有几个孩子，也经常挨父亲的打，有一个孩子被父亲打坏了一只眼，事后父亲很后悔，竟一病不起。

　　这些事引起了李讷的注意，她听得入了神，显露出一副同情的神色，连夹菜都忘记了。当老木工谈过之后，稍隔了一会儿，她脸上忽然现出了一丝笑容，一边夹菜一边说："我爸爸好，我爸爸一下也没有打过我。"大家看着她那天真的样子，都笑了起来。可是，毛泽东一点也没有笑。他用筷子指着自己碗里的饭，对李讷说了这样一句话："如果你爸爸没有这个，也会打你的。"桌面上立刻沉寂了下来。李讷听了这句话之后，眼圈红了，差一点哭出来。

　　1947年冬天，毛泽东转战陕北来到杨家沟时，吃粮非常困难，基本上是吃晋绥军区老根据地支援陕北的黑豆。有一次吃饭，李讷见大家的嘴都是黑的，她就笑，还对毛泽东说："爸爸你看，阿姨、叔叔们的嘴都是黑的。"毛泽东对她说："你不要笑，前方解放军叔叔就是靠吃黑豆饭打胜仗的呀。黑豆好吃，吃了黑豆也能长胖长高。你也应该带上碗筷和阿姨一块去吃黑豆饭。听爸爸的话，你将来一定是个好孩子。"

　　从此以后，年仅7岁的李讷有时也和阿姨、叔叔们一块吃黑豆饭。

　　（参见李湘文编著：《毛泽东家世》，中国城市经济社会出版社1989年版）

父女情

1960 年冬，正是国家经济最困难的时候，当时李讷在北京大学历史系读书，常常两三个星期才能回家一趟。

有一次，毛泽东的卫士尹荆山偷偷找个机会溜到北大去看望李讷。见李讷脸色不大好，尹荆山问她："是不是生病了？"

孩子忸怩了半天，才小声道出了真情："尹叔叔，我很饿……"

是啊，几个星期以来，她一直忍受着饥饿的折磨。在学校报粮食定量时，她只报了 27 斤。李讷觉得自己是个共青团员，应该分担国家困难，降低自己的粮食定量。毛泽东知道了这件事后，还表扬了她。但是忍受饥饿的考验却绝不像报定量时想得那么简单。上课时肚子老是咕噜咕噜叫，思想也难以集中。有一次回家，妈妈心疼女儿，塞给她一包奶粉，做父亲的知道后很不高兴，叫她以后不要往学校带东西了。

尹荆山听后很心疼，回来就将情况向李银桥作了汇报，警卫战士听后心里又急又难过。且不论她是毛泽东的女儿，单凭当年一起转战陕北的情谊，想到她吃了黑豆仍然为大家表演京剧的情景，也不能不管呀！李银桥想办法搞到一包饼干，悄悄给孩子送去了。

谁要是见到当时李讷接到饼干后的情景，都会感到很心酸。她眼睛骨碌碌转，观察附近没人，忙把两片饼干塞进嘴里，匆匆嚼了吞下，吃点这样的东西就像做贼一样怕人发现。她舍不得多吃，小心翼翼藏好，准备慢慢"享用"。

然而，这包饼干是李讷最后一次享受的"特殊化"待遇，事情最终被毛泽东知道了。他把李银桥叫进屋，声色俱厉地说："三令五申，为什么还要搞特殊化？！"

"别的家长也有给孩子送东西的。"李银桥小声说道。

毛泽东把桌子一拍："我的孩子一块饼干也不许送！"

做父亲的不是不爱女儿,毛泽东对这个小女儿是格外疼爱的。毛泽东前后共有过 10 个子女,在艰难困苦的战争年代,幸存下来的只有毛岸英、毛岸青兄弟及李敏、李讷姐妹。毛泽东自投身革命以来,大部分生涯都处于动荡之中。毛岸英、毛岸青兄弟早年失散,1940 年李讷降生后,李敏又赴苏联与贺子珍团聚。年近半百的毛泽东多么渴望得到一些儿女亲情的慰藉。因此,他再也不忍心让李讷离开自己,尽管工作繁忙,也没把她送进保育院,而让她在自己身边长大。李讷小时,记不得多少次,毛泽东紧张工作之余,抱着她,轻轻拍打着她的后脊说:"娃娃,我的好娃娃,乖娃娃……"每当这时,李讷用小手搂住父亲的脖子喊:"爸爸,我的小爸爸,乖爸爸……"1958 年初,李讷因患急性盲肠炎打针,针头断在肌肉里,连续做了两次手术,手术不顺利引起伤口感染,并且发烧。毛泽东为此非常担心。一天,他工作一通宵,临睡前,为解除李讷的思想负担,挥笔草书一信。信中写道:

李讷:

念你。害病严重时,心旌摇摇,悲观袭来,信心动荡……意志可以克服病情。一定要锻炼意志。你以为如何?……

信末还抄录诗一首:

青海长云暗雪山,孤城遥望玉门关。黄沙百战穿金甲,不斩楼兰誓不还。

毛泽东要李讷充分体验意志的力量,通过与疾病作斗争,使自己意志更加坚强。然而,就是这样的父女之情,毛泽东却不许女儿同自己一道吃小灶,不允许女儿有一点点特殊。

毛泽东对子女在生活上的要求一向是非常严格的。李讷自小就跟警卫战士吃大食堂。1947 年,李讷才 7 岁,便跟当兵的一样行军,一样风餐露宿,一样地经受飞机轰炸,听惯了子弹的呼啸,闻够了硝烟的辛辣。行军之余，她举着一个小搪瓷杯，和众多战士们一样，排队从大铁锅里领一份黑豆。在戎马倥偬的战争生活的间隙里，李讷头扎花头巾，腰系绳子，"隆格里格"地唱一曲《打渔杀家》。稚嫩的童音给大家带来了欢乐。

上学后，李讷便在学校食堂吃饭。考上大学后，同所有普通人家的子女一样，一个宿舍住6个或8个同学，睡上下铺，吃一样清淡的伙食。北大在市西北郊区，乘公共汽车到中南海，至少要换两次车，两头还都要步行很长一段路；而骑自行车需要一个多小时。一旦学校有活动，往往天黑才能到家。一个女孩子独自走夜路不太安全，李银桥便瞒着毛泽东去接，汽车停在校外僻静之处，然后去宿舍把她找出来，再坐车回中南海，满以为这样学校的同学不会知道，也不会造成什么不良影响。

可是，这事还是被毛泽东察觉了，他严厉地批评了李银桥。李银桥不服气，争辩说："天太黑，一个女孩子走夜路不安全……"

"别人的孩子就不是孩子？别人的孩子能自己回家，我的孩子为什么就不行？"毛泽东做了一个断然的手势，严厉地盯住李银桥问。

"谁叫她是毛泽东的孩子呢？"毛泽东一怔，李银桥接着大声说："别人的孩子，敌人不感兴趣，毛泽东的孩子，国民党特务可是很感兴趣呢！"

毛泽东笑了，显然他对战士的敌情观念感到满意。可是，他还是不松口："不许接！说过的要照办，让她骑车子回来。"

就这样，平日里李讷总是穿一身旧蓝布衣服，和大家一样上课、劳动、挤公共汽车、骑自行车。如果不是熟悉的人，谁也不会想到她是毛泽东的女儿。

离上次送饼干时间不长的一个星期天，李讷回到家里来。卫士尹荆山在倒茶时提醒毛泽东："主席，李讷回家了。两三个星期没见，一起吃顿饭吧？"

毛泽东停下批阅文件的笔，抬起头，目光柔和，含着感激。他嘴角微微一翘，哭道："嗯，那好，那好。"

尹荆山忙去报告江青。江青略一犹豫，小声说："多下点米，多放点油。"

毛泽东的住处没有专门吃饭的饭厅，每次都是卫士用饭盒把饭提到卧

室或办公室吃。今天搞了四菜一汤，还有辣子、霉豆腐等四小碟。炊事员得意地说："我今天多下了一倍的米！"

李讷在毛泽东的卧室向父亲汇报学习情况，末了委婉地说："我的定量老是不够吃，菜少，全是盐水煮的。油水还不够大师傅沾光呢，上课肚子老是咕噜咕噜叫。"

"困难是暂时的，要和全国人民共渡难关。要带头，要做宣传，要相信共产党……"毛泽东轻声细语地和女儿说。他还开句玩笑："大师傅掌勺，连我也管不了呵！"

开饭了。"嗯，今天一起吃饭。"毛泽东拉着李讷的手来到饭桌旁。

李讷抓起筷子，鼻子伸到热气腾腾的米饭上，那是红糙米，掺了芋头。她深深地、深深地吸吮着香气："啊！真香啊！"她望着父母粲然一笑，一副天真无邪的样子。

江青望望女儿，望望毛泽东，想说什么。可是卫士们侍立在旁边，她便忍住了，勉强笑一笑，夹了一筷子菜放在女儿的碗里。

"吃吧，快吃吧。"毛泽东用筷子示意着，眼睛却有些湿润了。

话音刚落，李讷已经向嘴里拨饭了。饭太烫，她咝咝地吹散热气，吹几下便咽下去，眼睛都烫出了泪。

"吃慢点，着什么急！"毛泽东尽量平静地说。他轻轻笑着，但是笑得越来越不自然。

李讷瞟了一眼旁边的卫士，腼腆地说："在学校吃饭都快，习惯了。"

"现在是在家里么。"毛泽东话音很低，已经变成苦笑。

"吃菜，多吃菜。"江青不停地往女儿碗里夹菜。她脸色有些苍白，嘴唇保持开始那种笑的样子，却是哆嗦着的、僵硬的；她望着李讷吃饭，那目光神色是母亲特有的。

李讷在父母面前不多拘束，也无须保持"形象"，慢吃不了几口又变成狼吞虎咽，几乎嚼也不嚼就把一口口饭菜吞下去。在她朝嘴里拨饭的同时偶尔掀一下眼皮，目光沿着上眼皮匆匆扫过桌面，她在看饭菜还剩多少——这就是毛泽东的女儿啊！谁能相信她会饿成这样子？

开始，毛泽东还慢慢陪女儿吃，有一句没一句地说点什么。渐渐地，他不说话了，默默地夹一筷子菜或饭往嘴里送。嚼得很慢，很慢……终于，他停下了筷子，停了咀嚼，怔怔地望着女儿出神。

江青早已停了筷子，看看女儿，又看看毛泽东。她接连几次喘粗气，便盯住毛泽东不动了。她有时心里有想法并不说，而希望毛泽东能够理解，能够先说。如果经历多次，毛泽东仍不有所表示，她才会按捺不住地爆发，甚至又哭又闹。

"哎，你们怎么不吃了？"李讷好不容易把嘴离开饭碗，抬起头来诧异地问。

"哦，"毛泽东身体一抖，不着边际地笑了笑，"老了，吃不多。我羡慕你们年轻人。"他漫不经心地说着，抓起报纸侧了身看，头轻轻晃着，仿佛看得很专注，念念有词。

江青胸脯微微起伏，瞥一眼毛泽东似怨似嗔，忽然端起碗，把剩的半碗饭拨到李讷碗里，动作像赌气。她起身匆匆离开，眼里已经含满泪水。

毛泽东似乎什么也没看到。可是，江青刚走回她的房间，毛泽东便抬起头望着女儿，慢条斯理地讲："我年轻时在湖南农村搞社会调查。有次饿了一天，讨到一块糍粑……"

他没有讲完。李讷心思只在饭上。她吃得正香，说："你们不吃，我就全打扫了啊。"

"打扫完。"毛泽东目光在女儿脸上稍触即离，好像不愿多看，重新盯着报纸，手在桌上点了点："'三光'政策，不要浪费。"

其实，李讷也不了解父亲平时吃什么，如果她知道父亲有时一天只吃一顿马齿苋，她一定不会这样"放肆"了。她把饭菜吃得干干净净，连一片葱花也不放过，仔细夹起来往嘴里送。两眼可怜巴巴朝桌子上转，仍然没有离开的意思，坐在椅子上绕山绕水地说："爸爸，我还要发育呢，饭量特别大……这么大窝头我能吃三个。"她比画着碗口那么大。

毛泽东没有看，始终盯着报纸，只是含住下唇习惯地吮一吮。

"今天的饭菜真香哪，可惜……"李讷瞟了父亲一眼，又带着孩子气的狡黠望着卫士："尹叔叔，还有汤吗？把这盘子涮涮，别浪费。"

看到李讷饿成这样子，尹荆山感到心酸！

李讷
篇

173

"唉，李讷这孩子也真受苦了。"炊事员边嘟哝着，边找出两个白面和玉米面掺半的馒头，尹荆山等不及他在火上烤，便拿来给了李讷。

李讷摇晃着身子，不好意思地看着父亲，掰一块馒头擦擦盘子往嘴里塞。尹荆山拿来开水帮李讷一个盘子一个盘子地涮了喝。毛泽东喉咙里咕噜咕噜响两声，站起身，什么也没有说便走开了。他先朝院子走，到门口又折回来走向卧室。可是没进卧室，又走向院子。他好像不知自己要干什么！在院子里踱了几步，便停下，望着那七棵古老的柏树，久久不动。

晚上，江青进了毛泽东卧室。半小时后，她出来了，眼圈红红的，显然哭过。

警卫战士明白这是为什么，走进毛泽东卧室。

"主席，李讷太苦了，你看是不是可以……"

"不可以！"毛泽东什么都明白，"和全国老百姓比起来，她还算好的。"

"可是……"

"不要说了。我心里并不好受，她妈妈也不好受。"毛泽东深深地叹了口气，不无忧伤地说："我是国家干部，国家按规定给我一定待遇。她是学生，按规定不该享受就不能享受。还是那句话。谁叫她是毛泽东的女儿呢！还是恪守本分好，现在这种形势尤其要严格！"

毛泽东抬起右手，由里向外轻轻一挥，警卫战士便悄悄退出了屋。毛泽东感情丰富，但他更注意自己的代表性，不仅自己，而且也要求他的亲人和全国的老百姓一起携手同甘共苦，共渡难关。

毛泽东深爱着自己的小女，但他不溺爱，不宠爱，而是把她放在艰苦的环境里锻炼成长，用艰难困苦去磨炼意志。这是人世间少有的父母对子女极特殊的疼爱。

（参见黄允升主编：《开国领袖毛泽东逸事》，中央文献出版社 1999 年版）

李讷给父亲做生日寿桃图

12月26日是毛泽东的生日。在毛泽东逝世后的20个年头里，前往毛主席纪念堂瞻仰遗容的长长队列中，总会有一个穿着朴素的女士，跟着人群一道排着队，按次序进入纪念堂，然后再随队列出来，消失在茫茫人流之中。直到1998年，毛泽东105周年诞辰前一天的清晨，已然步入老年的这位女士仍像往常一样来到纪念堂，这一次，一位曾在中南海工作过的值班人员从人群中认出了她，连忙客气地将她从队列中请出来，领进了纪念堂。

这位衣着朴素的女士，就是毛泽东的小女儿李讷。数十年来，李讷一直没有忘记过父亲的生日。但在许多年前，她却为父亲送上了一份迟到了两个月的生日礼物。

那是1954年，毛泽东61岁生日，14岁的李讷想亲手为父亲准备一个礼物。她打算绣一块手绢。结果，等到父亲生日当天，绣手绢的工程却还没有完成，而且工程质量她也不满意，感觉绣得难看，拿不出手，给父亲送生日礼物这事就这样被耽误了。

想到父亲最大的爱好是读书，最后李讷决定做一个书签。这个书签是用丝线在圆形的硬纸片上编织而成，正面还画了两颗大寿桃，寿桃上写了一个大大的"寿"字。李讷对自己的这件作品感到满意。于是，她在书签的背面郑重地写上了几个字：送给亲爱的爸爸，女儿李讷。

同时，她还给父亲写了一封信——

亲爱的爸爸：

你正在睡觉吗？一定睡得很香吧？

你一定奇怪，我为什么突然要写信给你。事情是这样：在你生日的时候，我想给你送礼，一块手绢还没有绣成，你的生日就过去了。而且也绣得很不好，于是我就没有送。因为我知道你不会生气，你是我的好爸爸，

175

对吗？这次妈妈的生日就要到了，就趁此补补吧，我送的东西也许你不喜欢，但这是我亲手做出来的。东西虽然小，但表示我的心意：我愿我最亲的小爸爸永远年轻，慈祥，乐观，你教导我怎样生活怎样去做人，我爱你呀！小爸爸，我愿你永远活着和我们生活在一起。

吻你

热烈爱着你的女儿李讷

一个多月后，这份姗姗来迟的生日礼物，连同这封信，一起送到毛泽东手中。而毛泽东从收到这件迟到而又稚嫩的礼物起，就一直把它珍藏在身边，整整 22 年，直到去世。需要指出的是，毛泽东一生中收到过无数的礼物，这些礼物，能保存的一律送到中南海礼品库保存，只有这件礼物，是唯一的例外。这件礼物之所以成为唯一的例外，当然不是因为这笔法稚嫩、制作简单的生日礼物本身，而是因为它的制作者是李讷——那个让毛泽东内心温柔的"大娃娃"。

毛泽东曾经还专门叮嘱李讷："要靠自己的能力学习知识，为国家做工作，自己养活自己，做一个自食其力的普通劳动者。"正如毛泽东所期望的那样，在他离去后，李讷成了一个自食其力的普通劳动者。最困难的那些年月，她独自带着幼小的儿子，每天只买很少的肉，家中仅有的两条被子一半铺床一半盖，甚至将自己心爱的书卖给旧书店来维持生计。她的父亲尽管在新中国成立后担任党和国家领导人长达 27 年之久，但是最终没有给儿女们留下一分钱遗产。

经历了人生沧桑之后的李讷，回忆起当年父亲种种的不近人情，心底里有感慨，更有感激："当年他那样严格要求我，完全是为我好。假如不是那样严格，后来我在生活里遭遇低谷的时候，恐怕很难过得来。我想他是早就预见到了。他那样要求，完全不是过分的，而是很实事求是的。他那是真正的父爱。他爱我，真的。"

毛泽东以自己特有的方式爱着儿女们。如今，父亲离开儿女们已有几十年了，然而，就像这张寿桃图书签上的贺信写的那样，在过去的这些年里，他的儿女们仍然感觉到，父亲依然和他们在一起。

（参见黄晖编著：《毛泽东遗物的故事》，湖南人民出版社 2011 年版）

为李讷书写两首范词的评注

左谟野回忆：1937 年 7 月的一天，毛泽东在自己的住所同刚到延安不久的左谟野谈话。当左谟野说自己是岳阳人时，毛泽东便以赞扬的口吻说："啊，岳阳是个好地方。我在大革命的时候去武汉，经过岳阳，我去游览了洞庭湖滨的岳阳楼。你们岳阳有名，同岳阳楼很有关系。因为范仲淹写过一篇传颂千古的《岳阳楼记》。"说着便问左谟野背诵过《岳阳楼记》没有，左说："小时候读过，现在还记得一些。"

毛泽东又问："岳阳楼上的几块木刻的《岳阳楼记》现在还在吗？"左谟野回答："还在。"

毛泽东特别赞赏"先天下之忧而忧，后天下之乐而乐"这两句，说："'先忧后乐'的思想，较之'吃苦在前，享受在后'的提法，境界更高了。"他从《岳阳楼记》谈到延安钟鼓楼上的书有"范韩旧治"四字的横匾。他说："延安也是范仲淹的旧游之地。'范韩'就是范仲淹、韩琦。为了防御西夏入侵，他们曾经镇守延安。西夏人称范仲淹胸中有数万甲兵。当时有一个民谣：'军中有一范，敌人闻之惊破胆。'许多人都知道范仲淹是一个文人，很少人知道他还是一个镇守边疆的主帅。中国历史上有些知识分子是文武双全，不但能够下笔千言，而且是知兵善战。范仲淹就是这样的一个典型。"

这个评说，与他在《讲堂录》中所记范仲淹是"办事而兼传教之人"的评说是一样的精神。左谟野说："我爱读范仲淹写的词，特别是那首《渔家傲·秋思》：'塞下秋来风景异，衡阳雁去无留意……'"

毛泽东说："那就是他在陕北戍边的时候写的，他是一个边塞词人。"他由此谈到词的流派，并引用了欧阳修、范仲淹、苏东坡、柳永、辛弃疾、陆游等人的作品，予以评说，这表明他对范仲淹的作品不仅读得多，而且很熟悉，且对范仲淹有相当的研究。1957 年 8 月 1 日，毛泽东用钢笔

信手给江青、李讷书写了范仲淹的两首词：

苏幕遮

碧云天，黄叶地，秋色连波，波上寒烟翠。
山映斜阳天接水，芳草无情，更在斜阳外。
黯乡魂，追旅思，夜夜除非，好梦留人睡。
明月楼高休独倚。酒入愁肠，化作相思泪。

渔家傲

塞下秋来风景异，衡阳雁去无留意。
四面边声连角起。千嶂里，长烟落日孤城闭。
浊酒一杯家万里，燕然未勒归无计。
羌管悠悠霜满地。人不寐，将军白发征夫泪。

毛泽东写着写着，诗兴大发，乘兴运笔，写下了一大篇词评话：

词有婉约、豪放两派，各有兴会，应当兼读。读婉约派久了，厌倦了，要改读豪放派。豪放派读久了，又厌倦了，应当改读婉约派。我的兴趣偏于豪放，不废婉约。婉约派中有许多意境苍凉而又优美的词。范仲淹的上两首，介于婉约与豪放两派之间，可算中间派吧；但基本上仍属婉约，既苍凉又优美，使人不厌读。婉约派中的一味儿女情长，豪放派中的一味铜琶铁板，读久了，都令人厌倦的。人的心情是复杂的。所谓复杂，就是对立统一。人的心情，经常有对立的成分，不是单一的，是可以分析的。词的婉约、豪放两派，在一个人读起来，有时喜欢前者，有时喜欢后者，就是一例。睡不着，哼范词，写了这些。江青看后，给李讷看一看。

一九五七年八月一日

这篇词话，内容很丰富，谈了词的流派，范仲淹词的审美特征及其在词史上的地位，谈了诗人自己诗词欣赏的审美个性，阅读诗词的一般心理特点等。这一大篇词话，是因"哼范词"引发的，将范仲淹的《苏幕遮》和《渔家傲·秋思》两首词的审美特征高度概括为"既苍凉又优美"，可谓恰切。用"中间派"一词概称范仲淹词在词的发展中的历史地位，也是恰当的、科学的。我国的词肇兴于唐末，勃兴乃至成熟于宋，其间确有个由婉约向豪放发展的过程，而范仲淹词正好处于这个过程中承前启后的一环上，在审美风范上，有所谓"儿女情长"的优美一面，也有近乎"铜琶铁板"的苍凉一面，而正是后一面，开苏轼、辛弃疾词豪放派的先河。

毛泽东很爱范仲淹的作品，不仅喜欢《岳阳楼记》《苏幕遮》《渔家傲·秋思》，也喜欢他的诗。1959年8月19日，庐山会议结束，毛泽东下山了。他的专列行驶在浙赣线上，直至金华东站。他在专列上召集金华地委及金华、兰溪、永康三个县的主要负责人开座谈会，了解生产、生活情况。他说："要讲实效，不可浮夸，不可搞形式主义。"他勉励那几位干部："为官一任，造福一方，这很重要呀。"他于是谈到永康县方岩山的胡公庙，说胡公名则，北宋的一位清官，为人民办了很多好事、实事，人民就建庙纪念他。他说着说着就念诵了范仲淹赞颂胡则的一首诗：

千年风采逢明主，一寸襟灵慕昔贤。
待看朝廷兴礼让，天衢何敢斗先鞭。

这首诗在范仲淹的诗作中并没有代表性，更不是什么名作，毛泽东却记得，由此可见他对范仲淹的作品阅读之广泛和喜爱之深。

毛泽东认为自己的兴趣在于"偏于豪放，不废婉约"。而范仲淹的这两首词介于豪放与婉约两派之间，属于"中间派"，所以毛泽东对它们百读不厌，将自己的观点化为评注，书写给江青、李讷，并嘱咐一定要给李讷看一看。

（参见孙宝义、刘春增、邹桂兰编著：《毛泽东的读书人生》，中央文献出版社2007年版）

毛泽东给子女讲传统文化

毛泽东的保健医生兼生活秘书王鹤滨回忆说，毛泽东曾经对自己的子女讲过这样一个故事：中国历史上的战国时代，赵国的赵太后执掌政权。她非常溺爱她的小儿子长安君。这时，秦国攻打赵国，形势紧迫，赵太后请齐国出兵为赵国解围。齐国同意出兵，但要求赵国把长安君送到齐国做人质。赵太后疼爱小儿子，怕他吃苦，不肯让他去。赵国的大臣都来劝赵太后，赵太后火了，说：谁再来劝我，我就把口水吐在他脸上！于是，没有人再敢劝她。

赵国有个大臣叫触龙的，要求见太后。太后非常生气，等他来，看他怎么说。触龙不慌不恐地来到太后跟前，说：我快要死了，但有件事放心不下，我有一个 15 岁的小儿子，想请太后给安排个事做，这样我死也安心了。太后听了很奇怪，问：男人也爱自己的小儿子吗？触龙说：比女人更爱。太后听了，怒气消了，说：不会吧，依我看，还是女人比男人更溺爱自己的小儿子。触龙却说：但是在我看来，你更爱你的女儿。太后说：怎么见得呢？触龙说：你女儿出嫁到燕国时，你抱着她哭，这是可以理解的，因为她嫁到很远的地方去了。但是你女儿出嫁以后，每当祭祀的时候，你却为她祈祷，不希望她回来，希望她在燕国生儿育女，她的孩子能够世代为王。由此看来，你为她打算得很长远啊。可是你对长安君就没有这种长远的打算了。太后不承认。触龙又问：赵国过去的贵族，世袭到现在的还有没有呢？太后说：没有。触龙再问：不但赵国没有了，其他各国，子孙封侯的，还有没有呢？太后说：没听说还有。触龙说：都没有了！这是什么原因呢？就是因为这些贵族的子孙，虽然坐在显赫的位子上，却没有什么功劳；虽然享受着优厚的待遇，却无所事事啊！你给了长安君很高的职位，很多肥沃的土地，很大的权力。如果现在你不及时地叫他为国家建立功勋，有朝一日你去世了，长安君能在赵国立足吗？所以，依我看来，你对长安君的打算太短浅了，你爱他不如爱女儿呢！

太后听了这话，立即送长安君到齐国做人质。

看来，毛泽东给子女讲这个故事，就是要求他们自己去为人民、为国家建功立业，靠自己的力量立足于社会。这一点，在毛泽东对其长子毛岸英的教育培养上，体现得尤为明显。

毛泽东经常教育子女，培养子女独立自主的人格。叶子龙回忆说："进城后，一次吃饭时，他对李讷和我的两个女儿讲过古人梁鸿不因人热的故事。说是东汉时期陕西扶风有个文学家梁鸿，因写了讽刺封建统治者的诗而遭到迫害，不得不隐姓埋名远走他乡，靠打工度日，一家人穷得很。邻居对他说，我这里有火，你用它来做饭吧。他却回答：'童子鸿，不因人热也。'梁鸿少孤家贫，经常独坐，不与人同食。别人先做饭，做毕招呼他说：灶和锅还是热的，快煮饭吧！可他却说：我不用别人的热锅。熄灭灶火，自己重新燃薪做饭。毛泽东借这个故事语重心长地说：'你们要从小立大志，不靠天，不靠地，更不要靠爸爸，要靠自己解决问题。不仰仗他人，不人云亦云，要有独立性格，靠自己独立创业。'"

1960年，李讷又大病一场，她回忆说："我病得挺厉害的，也不得不休学。就是缺少营养、浮肿、闭经、很长时间不能睡觉。"就在这年12月26日自己生日这一天，毛泽东给自己的女儿李敏、李讷和毛远新、王博文、汪东兴、叶子龙、王敬先、林克、高智、李银桥、吴旭君、张先朋、封耀松讲了一个难忘的故事。据林克回忆，当时身边工作人员已经根据毛泽东的意见进行了一次整风。在生日聚餐的餐桌上，毛泽东给大家讲起了故事——

像今天我们在一起吃饭一样，大家团结得很好，这就好。你们整风，检查一下，批评一下，大家还是团结在一块。这就叫从团结的愿望出发，经过批评或斗争，使问题得到解决，在新的基础上达到新的团结。批评就是帮助，对人是有好处的。

从前有张仪和苏秦两个人，都是鬼谷先生的学生。鬼谷是个地方，出了一个先生，所以叫鬼谷先生。后来苏秦在赵国当了宰相，地方就在邯郸。邯郸这个地方，你们到过没有？张仪在楚国做个小官。楚相丢了一块宝玉，怀疑是张仪偷的，把他狠狠打了一顿，满嘴的牙都被打掉了。那个时候，大概还不会安假牙吧！张仪回到家里，叫老婆看看他嘴里的舌头还在不在。他老婆说：舌头还在。他说：那就不要紧了。他跑到邯郸找苏秦，一去就住进"招待所"，大概是"北京饭店"之类的住所，好几天没有见到苏秦的面，后来苏秦请他吃饭。张仪到了苏秦的衙门，看到摆了酒席，排场大得很，苏秦坐在高处当中，请了各国使节，席面当然比我们今天吃的丰盛得多，但是却把张仪安排在下面角上，盛了点仆人吃的饭食给他吃。这下子张仪的气可就大了，破口大骂。回到"北京饭店"，满肚子的气。"北京饭店"的"经理"看他这个样子，就问他：张先生脸色不痛快，有什么生气的事吧？他说：当然有气！就把当年和苏秦是同学，今天苏秦如此这般对待他说了一番，并且骂苏秦此人简直是无情无义，是王八蛋。这位"经理"说：这样看来，你在赵国待不住了。张仪说：当然待不下去了，马上走。"经理"问他：你到哪里去呀？他说：这倒还没有想好，不管他，走了再说。"经理"说：看来只有到秦国去。张仪一想也对，就此动身。"经理"陪他走到秦国，一路花费大概相当于现在的三四十万元人民币吧！到了秦国，他们为了见秦王，就走走门路，行些贿赂和送些衣服，一共又花了四五十万元人民币。以后，张仪当上了秦国的宰相。"北京饭店"的"经理"就向他告辞回国，并问他今后怎样打算。张仪一提苏秦还是咬牙切齿，并说过了两年一定要出兵攻打赵国。"经理"见他这样说，就告诉他，赵国宰相苏秦是个好人，当时苏秦所以要气他，是故意的，怕他在赵国安居下来，不想上进，做不了大事。苏秦知道张仪是个人才能做大事，如果他在赵国依靠苏秦，他也只是当个"科长"什么的就算到顶了。策划张仪到秦国来，和给他一切花销，都是苏秦支使的。张仪一听，这才恍然大悟。"经理"又说："苏秦只希望你当了秦国宰相，15 年内不要出兵攻打赵国。"张仪听后表示：只要苏秦活着，我就决不出兵打赵国。

这是一个故事，你们看苏秦对张仪是好意还是恶意？我们之间，进行批评帮助都是好意。就是明明知道某些批评是恶意也要听下去，不要紧嘛！人就是要压的，像榨油一样，你不压是出不了油的。人没有压力是不会进步的。很少给自己过生日的毛泽东选择 67 岁生日这一天，给女儿和身边工作人员讲苏秦张仪的故事，是有自己的考虑的。也就是在这几天，中央召开了工作会议。一个月前的 11 月 28 日，毛泽东在为中央起草的转发甘肃省委关于贯彻中央紧急指示信的第四次报告的批语中作了严肃的自我批评，对于"大跃进"以来急于过渡的问题进行了比以往更加深入的检讨，分析了"大跃进"以来的教训。中央立即将毛泽东的这个重要批语转发给各中央局和各省、市、区党委。批语中说："看起来甘肃同志开始已经有了真正改正错误的决心了。毛泽东同志对这个报告看了两遍，他说还想看一遍，以便从中吸取教训和经验。他自己说，他是同一切愿意改正错误的同志同命运、共呼吸的。他说，他自己也曾犯了错误，一定要改正。例如，错误之一，在北戴河决议中写上了公社所有制转变过程的时间，设想得过快了……"可见毛泽东对自身也是有反省的。这种自我反省的精神自然也是对子女的一种教育。

李讷回忆说，父亲的家教真正触及她思想的就是在这一段时间。这段时间内毛泽东和李讷前前后后通了十来封信。1963 年新年伊始，李讷给父亲写了一封信，详细剖析了自己的一些缺点和思想变化。在信中，她还谈到自己在大学课程中学《庄子·秋水》后的感想。《秋水》是一篇有名的寓言，记述的是自高自大的黄河水神河伯和虚怀若谷的北海神之间的对话。李讷读后思想触动很大，感觉自己有的地方很像鼠目寸光的河伯，意识到自身存在着狭隘和浅薄。接到女儿的来信，毛泽东看到女儿的思想认识提高了，"喜慰无极"。

（参见丁晓平著：《家世·家书·家风：毛泽东的亲情世界》，中央文献出版社2006 年版）

（参见王鹤滨著：《毛泽东的保健医生兼秘书的难忘回忆》，长征出版社 2011 年版）

将"九大"党代表名单上的李讷
换成一名警卫干部

1968 年 11 月，党中央准备召开党的第九次全国代表大会。

为了筹备"九大"的召开，除了中央起草报告外，各地党组织还要进行大会代表选举。出席大会的代表如何产生呢？由"文革"中成立的革命核心"民主协商"，再听取群众意见，一层一层进行民主推选。

在民主推选中，毛泽东的女儿李讷被有关方面推选列入了"九大"代表名单之中。不知谁将此事告诉了毛泽东。这时《人民来信摘报》刊登一封群众来信，主张江青应为中央委员候选人并担任常委。毛泽东在上面亲笔批示："徒有虚名，都不适当。又，李讷、毛远新二人不宜为代表。"

可是，随后有人还是把李讷的名字列入了"九大"代表名单，毛泽东还是不赞成。当代表名单送到中央进行审核时，他提起笔在名单上把李讷的名字一勾，给划掉了。毛泽东不让李讷当"九大"代表，用意是明确的：在代表名额有限的情况下，不赞成、不允许自己的亲属做党的代表。

负责代表审查的人说："你圈去了李讷，大会就少了一名代表，补送都来不及了啊！"

毛泽东说："警卫团的战士们日夜站岗放哨，很辛苦！是不是可以从警卫部队补选一名代表？"经过民主推选，一中队的副区队长耿文喜就成了"九大"代表。

其实，耿文喜来到毛泽东身边的时间并不长。1965 年夏，他在杭州第一次见到毛泽东。那次，他正在值勤。毛泽东从屋里走出来，见是一个新面孔，便在他跟前停下了脚步。

耿文喜见毛泽东来了，有些紧张。毛泽东问道："你叫什么名字呀？"

耿文喜抬头挺胸，注视着毛泽东，响亮地回答："姓耿，叫耿文喜。"

"是耳朵旁一个火字吗？"毛泽东问道。

耿文喜连忙回答："是，也就是忠心耿耿的耿。"

毛泽东一听就笑了起来："这么说你有三只耳朵啦？"

耿文喜很奇怪，自己哪有三只耳？于是疑惑不解地说："我只有两只呀！"

毛泽东笑着说："你头上长着两只耳朵，姓名上还有一只耳朵，是不是有三只耳朵？"

耿文喜不由得也笑出声来，原本紧张的心情也放松下来。接着，毛泽东又问了他家里的一些情况，谈了一个多小时。结果，在毛泽东的提议下，两人还照了相。

耿文喜真是喜不自禁，下哨后回到班上，就乐哈哈地对大家说："闻喜闻喜（谐音'文喜文喜'），昨夜灯花报，今闻喜鹊噪。"

"文喜，有什么喜事？"有人问道。

"嗨，活这么多年，突然明白自己多了一只耳朵，并且呢，还有了一张珍贵的合影！哈哈，喜事多着呢！"耿文喜说罢，详细地讲起了下午和毛泽东聊天、照相的诸多"喜事"，这让其他战友们称羡不已。

"不要垂涎，只要好好工作，你们以后也有机会！"耿文喜"教导"其他战友。不过，他教导别人，自己也不甘落后，工作中处处争先，站岗放哨、看书学习，凡事都认认真真，一丝不苟，任劳任怨，于是渐渐成了一中队的"优秀标兵"，多次被评为"先进"。中共九大召开前夕，他正在北京新华印刷厂"支左"。1969年3月的一天，中央警卫团政治部主任李居田突然找他谈话，告诉说："经过团党委研究决定，由你作为中央警卫局的代表，参加党的第九次全国代表大会。"

耿文喜感到十分突然，先是一愣，接着连忙说："李主任，我不行，我哪能当代表，不够条件。"李居田很严肃地说："这是党委会的决定，既是你作为一个警卫战士的光荣，也是全团的光荣，任务很重。在参加会议前，你要继续做好这里的工作。"就这样，耿文喜取代李讷，成了党的"九大"代表。

"九大"结束后，耿文喜回到了中央警卫团。作为大会代表，他向战士们传达会议精神。这时，身边一位战友才告诉他说，"在会议召开前，

团领导把中直机关的代表名单送给主席审阅，主席就把肖力（即李讷）的名字勾掉了。团领导说，这是已经选举过的名单，勾掉了就少一个名额，主席就建议从他身边的工作人员中选一个补上。后来，经团党委会研究决定，由你作为警卫战士的代表参加'九大'。你知道吗，整个中直机关专门为你重新投了一次票。"

这让耿文喜大吃了一惊，随口问道："是吗？肖力是谁？"

"肖力就是主席的女儿李讷呀！"

"李讷怎么成了肖力呢？"

"肖力是她的笔名。"

"九大"闭幕后一段时间，毛泽东还住在人民大会堂118厅。一天，毛泽东把李讷找去谈话。陈长江在大会堂门口接她。过去李讷见了陈长江叫叔叔。这一次，她没了往日的谦恭，反而有些气呼呼，见着陈长江，大模大样地说："长江，咱们现在是敬而远之。"陈长江听到这话，糊涂了，这是什么意思？他马上联想到"九大"代表之事，可这次代表换人与自己无关呀！他怎么想也想不明白。

李讷出来时，耿文喜碰到她。李讷开玩笑说："看来爸爸喜欢你，不喜欢我。"知道原委的耿文喜急忙回答说："我是代表你去参加的，是替你去的。"

没几天，李讷到江西"五七干校"劳动下放锻炼。这时陈长江才明白当初她说"敬而远之"的意思。原来她要去江西了，所以"远"之。

毛泽东圈掉自己女儿一事给耿文喜留下了永生的记忆。几十年之后，他回想起毛泽东对子女的严格要求、对身边工作人员的关心，感叹不已："有人恨不得把自己的高位当作私产留给子女，扶上马，还得送一程。而主席呢，对子女有私爱，却无私心。"这是耿文喜由衷的感叹。

（参见陈冠任：《揭秘红色卫队》，《中国故事》总第402期）

不要把孩子管成"傻子"

毛泽东很关心孩子们的身心健康。他的口头禅是："不要煞孩子们的风景。"他也不止一次告诫李云露老太太，不要过多地干涉孩子们的事，不要把孩子们管得太严了，束缚了他们的行动。因为对孩子管得太严了，不许动，不许跑，不许说，不许笑，不许……会把孩子管成"傻子"，管成个不动头脑只听指挥的木头人。毛泽东说："孩子淘气好，说明他健康；会淘气的孩子更好，说明他智力发达。"

毛泽东的保健医生兼生活秘书王鹤滨回忆，1953年的夏天，毛泽东的孩子们都放了假，来到他的身边，主席把王鹤滨叫到他的办公室。

"王医生，我很忙，抽不出时间来陪孩子们玩玩，请你带他们到北戴河去度暑假。"毛泽东一边审阅着文件，一边对我说，可能是没有听到我的反应，于是他把文件放在左手边的办公桌上，把头转向右侧，面对着我说："我身体很好，不会出什么事的，你能带孩子们去玩，就是对我很大的帮助了。"毛泽东恳切的言辞，使我懂得了长辈的心情，也知道了保健工作外延的意义，我高兴地接受了毛泽东交给的任务。

第二天，我就和毛泽东的机要秘书罗光禄带领李云露老太太，她的儿子王博文，毛岸英的夫人刘思齐，毛泽东的女儿李敏、李讷，侄儿毛远新，还有叶子龙的两个女儿燕燕和利亚，去了北戴河。

在那儿，我和罗光禄带孩子们游泳、爬山，并决定去看日出。

天还不亮我就把他们都叫了起来，孩子们带着朦胧的睡意，带着甜蜜梦境的回味，摸着黑，听着有节奏的松涛低鸣、海浪拍岩的伴奏声，踏上了山坡上的林荫小路，向山顶攀登。真可算是披星戴月了。日间五彩缤纷的世界，此时披着银灰色的外衣，淡淡的月光悄悄地穿过林梢的空隙，洒在这群孩子们的身上，显得异常静谧，只有我们这一支混成队伍，嘻嘻哈

哈、有说有笑地任意划破北戴河小山上的宁静。这个小山头虽然不高，但爬到山头时，我的"战士们"都已经是气喘吁吁、汗流浃背了。

大家面朝着东方，坐在山顶的青石上，不久就感到惬意的凉爽了。孩子们很兴奋，都聚精会神地凝视着东方的不清晰的海平线。大海在银灰色的月光下，更显得广袤无垠，孩子们心旷神怡，他们专心致志地望着东方，唯恐太阳一下蹦出了海面，看不到日出的奇观。

东方天幕上呈现出鱼肚白色，在鱼肚白的天际和蔚蓝的大海交接处，突然闪出了一条金红色的彩带，它是那样的斑驳、神奇，又是那样的辉煌、明亮。迷人的日出之前的霞光，把孩子们的目光和心神都吸了过去。在他们稚气的面孔上，在他们惊奇的瞳孔里，也都涂上了一层丰富的彩霞色泽。

"呀！快看，太阳露头了，那红红的一块！"还是"心诚则灵"，首先发现日出的是虔诚地目不转睛注视着东方一角的孩子。随着太阳的出现，每个孩子的脸都被涂得通红了。

啊！好红、好大的太阳啊！把整个大海都给染红啦！也把观看日出的人都染红了，把北戴河的山头染红了，把成片成片的松树林染红了……

"王医生！早晨的太阳为什么这样大呀？"

"王医生！太阳怎么是椭圆的啊？"

"啊！那升起的太阳怎么与大海之间还连着一块东西呀？！"

"快！快看！太阳好似跳了一下才离开了海面。"

孩子们把观察到的现象随着快活的语言报道出来。

孩子们提问题时，都把目光对准了我，似乎认为我比他们多知道一点，其实我也知道得很少，等孩子们的发问完了之后，不管对不对，用我仅仅知道的一点知识，讲了一下："因为大气层的反射、折射、散射、对光线的吸收和视觉误差的结果，使我们通过较厚的大气层去看太阳时，发现它大了、红了，成为横着的椭圆形，这与中午的太阳看去不一样了……"

太阳升高了。大海的波涛把金红色的阳光，切割成一块块的，闪烁着耀眼的光芒，月亮好像害怕太阳，面色变得惨白，形成了淡淡的圆形，最后随着满天的星斗，被强烈的阳光扫得一干二净。

孩子们高兴极了，忘记了上山时的疲劳。要是毛泽东能抽出时间，带着孩子们游泳、爬山、观看日出，那该是送给孩子们的多贵重的礼物啊，毛泽东也会得到同样贵重的礼物——孩子们高兴的笑脸。

归途上，踏着晨光向山下走去，当孩子们移动脚步时，又发现了"奇怪"的礼物。"王医生！你看这奇怪的动物，样子像蜂却没有翅膀，真好玩！"我随着孩子们的视线，俯下身去，低头看这奇怪的昆虫。这里的蜂为了抵御海风的吹打，为了生存，为了能停在山头生长的野花上采花粉酿蜜，它们的翅膀都变得小小的，以致它们不会飞了，变成了只能爬行的蜂，在山头生长着的矮小的花朵上辛辛苦苦地爬来爬去采集花粉。

回到北京后，孩子们向毛泽东叙述了去北戴河过暑假的愉快生活。他听了很高兴："那好！以后还请王医生带你们去。"时间过去了50年，叶子龙的小女儿叶利亚，她很习惯地称呼自己的乳名"二娃"，这个名字是她出生在延安的重要纪念，用陕北地方语言呼唤起来，会带着浓郁的黄土高原的风味。她说："王医生，那时你带我们去北戴河玩，非常有意思，直到现在我还回想那时玩的情景……在北戴河，我还学会了打麻将牌哩！"

50年前，叶利亚是毛泽东身边孩子中年龄最小的一个，那时毛泽东把叶子龙的两位千金也都看成是自己的女儿一样，孩子们总是天真无邪的。一次利亚问我："王医生，人家说，人要是换成狗的眼睛，就光想吃屎！是吗？"她认真地睁大了两个眼睛，抬头望着我的脸，希望我给她一个回答。

孩子稚气的语言，给人带来多么大的乐趣呀！没等我回答，周围的人已经嘻嘻哈哈地大笑起来。二娃说出了一个多么有趣的"寓言"，而且含义深刻。从这一句问话中可以编织出一个多么美妙的寓言故事来呀，这样的寓言故事在社会的实际生活中，会找到它的模特的……当然，医学科学技术的器官移植中，尚未听到类似的报道；但在儿童的心目中，什么样的事都是可能发生的，思维是万能的，能超越时空，能创造一切，能把人和任何有生命无生命的东西拿来相互交换、相互转换……

　　通过这些事情，王鹤滨也认同不要把孩子管成"傻子"，应该让他们的思想在自由自在的淘气中，展开想象的翅膀，这会增加他们的智慧，更会转换成许多美妙新奇的故事。这可能正是毛泽东不让把孩子管得太死的原因吧！

（参见王鹤滨著：《毛泽东的保健医生兼秘书的难忘回忆》，长征出版社 2011 年版）

李讷多次回韶山

　　1995 年韶山毛泽东纪念园庆典活动邀请的客人中，李讷是来得较迟的一个。她几乎是踏着 12 月 25 日晚纪念园举办的"纪念毛泽东诞辰 102 周年心连心大型文艺晚会"的歌声，和王景清一起回到韶山的。灯火通明的铜像广场这一夜人山人海，著名节目主持人赵忠祥正用他醇厚动听的男中音请彭丽媛献歌。董文华、赵丽蓉、赵本山、解晓东、古月等纷纷登台献艺，李讷、王景清笑眯眯地观看着。

　　毛岸平笑着问："怎么没有把孩子一起带来？"

　　李讷摇摇头说："韶山邀请中没有讲明，带来恐怕给韶山增加费用，不好，没带。"李讷有一个男孩，1972 年出生，早就想到外公的故乡韶山来看看，李讷一直考虑韶山没邀请，怕给韶山增加麻烦，多少年都没有带儿子王效芝来。

　　"现在还有你这样严格要求自己的人啊。"毛岸平笑着打趣。

　　李讷也平易地笑起来。在李讷的思维中，从来没有"特殊"这个概念。她对婚姻、对孩子、对生活、对工作甚至到韶山都是如此。

　　李讷是 1984 年 8 月 12 日第一次到韶山的。那一年她已 44 岁，经历了太多的大红大紫，太多的世态炎凉。第一次踏上这片令千万人神往的故土时，谁也想不到竟是打着王景清的名义，直至在毛泽东父母的坟墓前她哭倒在地，韶山的同志才知道实情，其实这才是李讷的本色。以后回韶山的次数多了，韶山人都了解她谦虚、朴实、本色，浑身上下没有一丝虚伪和做作，生活非常俭朴。这次纪念园开园庆典连韶山人都穿上新装，大家和李讷熟了，看着她还穿着七八十年代流行的衣服，就说："李讷，穿衣服你也要跟上时代噢。"

　　李讷爽朗地一笑："我的衣服只要没破，破了补补也可穿。爸爸给我们留下的传家宝就是艰苦奋斗。他的衣服那么多的补丁，我穿衣服还应该

讲究吗?"李讷就是这样，年年到韶山，心情一年比一年高兴，可衣服仍是一年比一年"落伍"。李讷没有架子，如果不说，谁也看不出来她是毛泽东的女儿。在韶山，任何人只要要求，都会得到她的签名。她喜欢这个纯净幽美的世界。在李讷的生活细节中，毛泽东的影响是很深远的。这些年来，李讷经常到韶山，每次来都不忘去看"九阿公"堂叔毛泽连。毛泽东逝世前，特别向她和李敏嘱咐："不要忘了韶山还有两个吃不饱肚子的堂叔。"毛泽连去世，李讷寄上了 500 元，她对毛岸平说："你知道我没有钱，只是自己的一片心意罢了。"1998 年 12 月李讷来韶山，也不忘为堂叔毛泽连扫墓。李讷评价自己，平常人平常心，当然更追求一种脱俗的心灵。

（参见马社香、夷学苗:《韶山之谜》,《今古传奇》1999 年第 12 期）